大展好書　好書大展
品嘗好書　冠群可期

大展好書　好書大展
品嘗好書　冠群可期

運動精進

怎樣跑

主　編：沈信
副主編：李鑵
編　委：李鑵
沈信
周王

大展出版社

目◉錄

如果你喜歡跑步
——給 8～12 歲的小朋友

（初級階段）

1.1 什麼是跑 …… 9
1.1.1 跑和走的區別 …… 10
1.1.2 你是怎麼跑的 …… 10
1.1.3 什麼是短跑和長跑 …… 11
1.2 熱身活動 …… 12
1.2.1 為什麼要做熱身活動 …… 12
1.2.2 熱身活動中要做些什麼 …… 13
1.2.3 熱身活動的注意事項 …… 17
1.3 怎樣才能跑得好 …… 18
1.3.1 起　跑 …… 18
1.3.2 起跑後的加速跑技術 …… 26
1.3.3 途中跑技術 …… 27
1.3.4 彎道途中跑技術 …… 29
1.3.5 終點跑技術 …… 30
1.4 跑得時候怎遠呼吸 …… 31

1.5 賽跑比賽的一些基本規則 …… 32
1.6 評一評自己跑得好不好 …… 34
1.6.1 自評的項目 …… 34
1.6.2 自我評估表 …… 37

如果你想跑得快
——給 13～14 歲的小朋友

(中級階段)

2.1 中級階段的一般訓練方法 …… 39
2.1.1 什麼是運動基礎 …… 40
2.1.2 什麼是基本素質 …… 41
2.2 怎樣進行一般素質訓練 …… 41
2.2.1 柔韌訓練 …… 42
2.2.2 力量訓練 …… 44
2.2.3 耐力訓練 …… 45
2.2.4 速度訓練 …… 45
2.2.5 協調和靈敏訓練 …… 46
2.3 一般身體訓練的主要練習手段 …… 47
2.4 基礎技術訓練的主要練習手段 …… 72
2.4.1 途中跑的專門練習 …… 73
2.4.2 途中跑的基本技術練習 …… 78
2.4.3 蹲踞式起跑和起跑後加速跑技術的基本練習 …… 80

2.5 比賽技巧 ······ 84
2.5.1 賽前訓練的內容和安排 ······ 84
2.5.2 賽前生活安排 ······ 85
2.5.3 賽前準備工作 ······ 85
2.5.4 比賽中的一些簡單戰術 ······ 85
2.6 可能出現的傷病及治療 ······ 87
2.6.1 常見的傷病種類和引起傷病的主要原因 ··· 87
2.6.2 傷病的預防措施 ······ 87
2.6.3 受傷的緊急處理和治療 ······ 89
2.6.4 受傷期間的治療和恢復訓練 ······ 90
2.7 影響成績提升的因素 ······ 91
2.7.1 專項技術因素 ······ 91
2.7.2 心理因素 ······ 91
2.7.3 綜合因素 ······ 92
2.8 自我評估方法 ······ 93

如果你想跑得快

——給 15～17 歲的青少年朋友

（高級階段）

3.1 怎樣才能成為出色的短跑運動員 ······ 99
3.1.1 短跑需要發展哪些身體素質 ······ 99
3.1.2 短跑身體素質訓練的內容 ······ 100
3.1.3 怎樣進行短跑的技術訓練 ······ 106

3.1.4 現代優秀短跑運動員的技術特點及發展趨勢 …… 108
3.1.5 訓練水準的評估方法 …… 109
3.2 告訴你進一步提高中長跑成績的方法 …… 110
3.2.1 中長跑的項目特點 …… 112
3.2.2 怎樣練耐力 …… 112
3.2.3 絕對速度和專項速度 …… 113
3.2.4 絕對力量和力量耐力 …… 114
3.2.5 怎樣提高你的柔韌性和靈活性 …… 117
3.2.6 怎樣跑才算技術好 …… 122
3.2.7 怎樣評估你的運動水準 …… 125
3.3 如何贏得比賽 …… 129
3.3.1 什麼是競技狀態 …… 129
3.3.2 賽前心理上應做好哪些準備 …… 130
3.3.3 怎樣知道自己在比賽前心理狀況不佳 …… 130
3.3.4 比賽前什麼樣的感覺最好 …… 131
3.3.5 賽前心理調整方法 …… 132
3.4 如何在日常生活中進行自我管理 …… 134
3.4.1 你的訓練要有目標，生活應有條不紊 …… 134
3.4.2 怎樣安排訓練、賽前和比賽期間的飲食 …… 135
3.4.3 如何準備訓練和比賽的著裝 …… 136
3.5 跨欄跑介紹 …… 137
3.5.1 跨欄比賽的起源 …… 137

3.5.2 跨欄跑項目 …………………………… 137
3.5.3 跨欄跑技術 …………………………… 138
3.5.4 跨欄跑的比賽規則 ………………………… 144
3.5.5 青少年練習跨欄跑的意義 …………………… 144

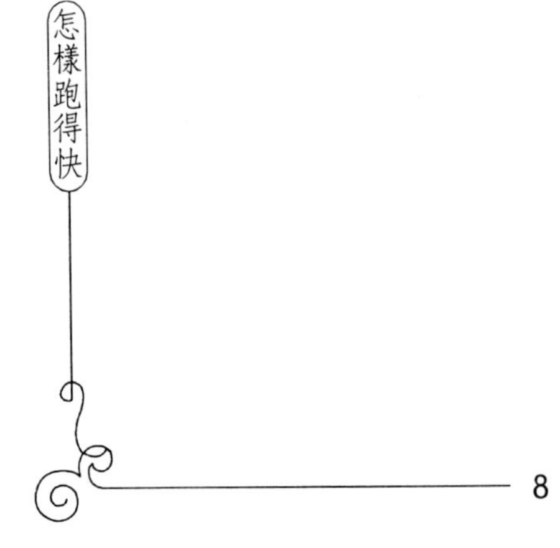

如果你喜歡跑步

——給 8～12 歲的小朋友

（初級階段）

1.1 什麼是跑

當你的一條腿用力向後蹬地，身體在空中向前移動了一段距離，用另一條腿落地，就是跑了一步（也叫單步）；另一條腿繼續蹬地，身體又在空中向前移動，第一條腿重新落地，就是跑了第二步（也叫復步）。兩條腿不停地蹬地和落地，加上兩隻胳膊的前後擺動（也叫擺臂），使身體很快地向前運動，就叫做「跑」。

每個人天生都具有跑步的能力，跑步使我們的童年豐富多彩，樂趣無窮。沒有「跑」，我們就不能和同學一起玩「貓捉老鼠」和「警察抓小偷」；沒有「跑」，我們只能眼睜睜地看著公共汽車從我們眼前開走；沒有「跑」，也就沒有在跑道上把同學甩在身後的自豪了。

跑得快，是我們每一個人的驕傲。

1.1.1 跑和走的區別

兔子和烏龜賽跑，你一定會說：「只要兔子不睡覺，一定是烏龜遠遠落在後面。」

仔細想想兔子和烏龜跑的動作。道理就在這裡：兔子的每一步都在空中向前飛，而烏龜一直是留在地面爬，當然比不上兔子快了。

跑，一定有兩隻腳都離開地面的時候；

走，任何時候都有一隻腳或者兩隻腳踏在地面。

現在，你知道怎樣區分「跑」和「走」了吧。

1.1.2 你是怎麼跑的

天生能跑，可是天生不一定跑得快。要想跑得快，就得會跑。

有的人跑起來，箭步如飛，像一匹駿馬；有的人跑起來，搖搖擺擺，像一隻鴨子。你一定想當駿馬，而決不會願意當鴨子的。

駿馬有駿馬的跑法，鴨子有鴨子的跑法，這就是跑的技術。

如果你能掌握好的技術，就能比現在跑得更快。如果你能掌握優秀的技術，同時又有非常好的身體素質，你就能成為賽場上的一匹駿馬。

1.1.3 什麼是短跑和長跑

在學校的運動會上，你一定參加過 60 公尺或者 100 公尺的比賽吧？這就是短跑。

短跑，又叫短距離跑。在正式的運動會上，60 公尺、100 公尺、200 公尺、400 公尺的比賽都屬於短跑。

每天出早操，或者上體育課，有時老師帶你們圍著操場不停地跑上好幾圈，是不是跑得上氣不接下氣了？這就是長跑。

長跑，又叫長距離跑。在正式的運動會上，3000 公尺、5000 公尺、10000 公尺的比賽都屬於長跑。但是由於現在你們的年紀還小，不能像哥哥、姐姐、叔叔、阿姨們一樣跑這麼長的距離，所以，在你們學校的運動會上，800 公尺、1500 公尺就是長跑了。

除了在距離上，短跑和長跑還有什麼區別呢？

你一定注意到了：參加短跑比賽時，在跑的過程中不怎麼喘氣，一旦跑完停下來，才會大口大口地喘氣；而參加長跑比賽時，在跑的時候就已經大口大口地喘氣了。

我們已經找到了短跑和長跑之間的另一個區別：

短跑時，是使用我們身體事先保存的氧氣，在跑完比賽後才進行氧氣的補充。

長跑時，在跑的過程中，就要隨時進行氧氣的補充。短跑和長跑還有一個區別，你肯定想都不想就會說：「短跑快，長跑慢！」

完全正確。

好了，我們現在可以總結一下：

短跑：距離短，速度快，用的氧氣不太多。

長跑：距離長，速度慢，用的氧氣很多。

1.2 熱身活動

1.2.1 爲什麼要做熱身活動

寒冷的冬天裡，幾個小手指頭都凍紅了，這時拿起鉛筆寫作業的話，一定感到手都不聽自己的使喚了，寫的字又慢又難看。放下筆，使勁搓搓手，等到手指頭熱了，再寫作業，行了，又能寫得又快又好了。

我們的身體涼的時候，動作會做得又慢又差；

我們的身體熱的時候，動作可以做得又快又好。

所以，我們在進行跑步的訓練或是比賽之前，一定要進行熱身活動。

熱身活動，又叫準備活動，它可以使你的身體從涼變熱，在訓練和比賽中，能夠把所有的力量都發揮出來，取得更好的成績。

千萬不要小看熱身活動，它不僅僅使你能更好地訓練和比賽，還能防止你在訓練和比賽中受傷。

1.2.2 熱身活動中要做些什麼

熱身活動的方法有許多種。我們最常用的、最基本的熱身活動方法是：

第一步：慢跑 10～20 分鐘。

慢跑可以使你體內的血液流動加快，提高你的體溫，同時使你從平常走步的狀態逐漸轉變到快速跑步的狀態。

第二步：做體操和伸展練習，包括上肢、下肢和全身體操和壓腿、拉韌帶。

做體操和伸展性練習，既可以拉長肌肉又能使各個關節輕轉動靈活，好比給機器加上了潤滑油。

第三步：做一些專門的跑的快速性練習，包括小步跑、高抬腿跑、後蹬跑、加速跑等等。

在跑的訓練或比賽中，最多的活動就是跑。所以，在熱身活動中都要進行快速的跑的專門練習，使你適應快速奔跑的動作。

現在來看一看，短跑和長跑的熱身準備活動該怎麼做：

（1）短跑的熱身活動

①慢跑 400 ~ 600 公尺

開始比較慢，然後稍微加點速。注意，開始千萬不

圖 1–1　伸展性練習例圖

要太快了，要保存體力做其他的練習。慢跑讓身體發熱就行了。

② 做 5～6 節體操

你可以做學校老師在體育課上教你的體操，也可以做廣播體操。記住，要使你的全身都活動開。

高抬腿跑

後蹬跑

後踢腿跑

圖 1–2　跑的專門練習示意圖

③做伸展性練習

伸展性練習主要是肩、腰、胯、膝、腳腕的拉伸活動，每個練習連續做 10～15 次。

剛開始做伸展性練習的時候，會感到疼痛，忍一忍，時間一長就會好的。

④做跑的專門練習

跑的專門練習有小步跑、高抬腿跑、後蹬跑、前踢腿跑、後踢腿跑、交叉步跑。

每個練習做2～3次，每次跑20～30公尺。跑的練習主要是提高你跑的動作的快速性，所以，在做跑的專門練習時，一定要儘可能地加快動作。

⑤做加速跑練習

加速跑就是從慢到快地跑。

要是你有跑步專用的釘鞋，可以把它穿上。

加速跑的距離可以從20公尺開始，一直到100公尺。一般採用40～60公尺的加速跑。

如：40公尺2次＋50公尺2次＋60公尺2次

或：40公尺3次＋60公尺3次

或：60公尺4～5次

不管用哪種方式，每一次的加速跑都要越跑越快，最後達到最快的速度。

做完了這些熱身活動，你的身體已經適應了短跑訓練，就請開始練習吧。如果你要參加短跑的比賽，應該再做幾次起跑的練習。

（2）長跑的熱身活動

①慢跑600～800公尺。

②做6～8節體操。

③做伸展性練習。

④做跑的專門練習。

⑤做加速跑練習。

長跑的熱身活動方法和短跑基本是一樣的，不同的是：

長跑熱身中的所有練習，都要比短跑熱身的練習次數多一些，慢一些，跑的距離也長一些。

1.2.3 熱身活動的注意事項

（1）活動數量要合適

運動量太小，身體不夠熱；運動量太大，身上的勁兒用光了，還能訓練和比賽嗎？

（2）活動不要太劇烈

熱身活動太劇烈，還沒有開始訓練或比賽，就會氣喘吁吁，不可能在訓練和比賽中取得好成績。

（3）動作應由慢到快

熱身開始時的活動太快了，實際上等於把熱身當成了訓練或比賽，很容易受傷。不要想一口吃個胖子。

（4）注意天氣

在寒冷的季節，應該適當地加長熱身活動的時間。

在炎熱的夏季，可以適當地減少熱身活動的時間。

1.3 怎樣才能跑得好

賽跑比賽時，隨著一聲槍響，運動員一躍而起，越跑越快……快到終點時，奮力向前一撲，衝過終點線！

我們把跑的全部過程分為起跑、起跑後的加速跑、途中跑和終點跑（也叫衝刺跑）四個部分。

在四個部分中，跑的動作（也就是跑的技術）是有一些區別的。其中途中跑的距離最長，也就是說你跑的主要段落是途中跑，所以，途中跑在整個跑的過程中是最重要的。現在就給你講一講跑的基本技術。

1.3.1 起 跑

（1）起跑技術

在比賽時，你首先做的事情就是起跑。

起跑能使你從不動的靜止狀態，很快轉變成跑的狀態。起跑快了，可以從一開始就能跑在別人的前面，至少不落在別人後面。

你要從靜止狀態跑起來，如果腳下沒有東西就會打滑。怎樣起跑才能快？有兩個辦法：一個是在腳底下放

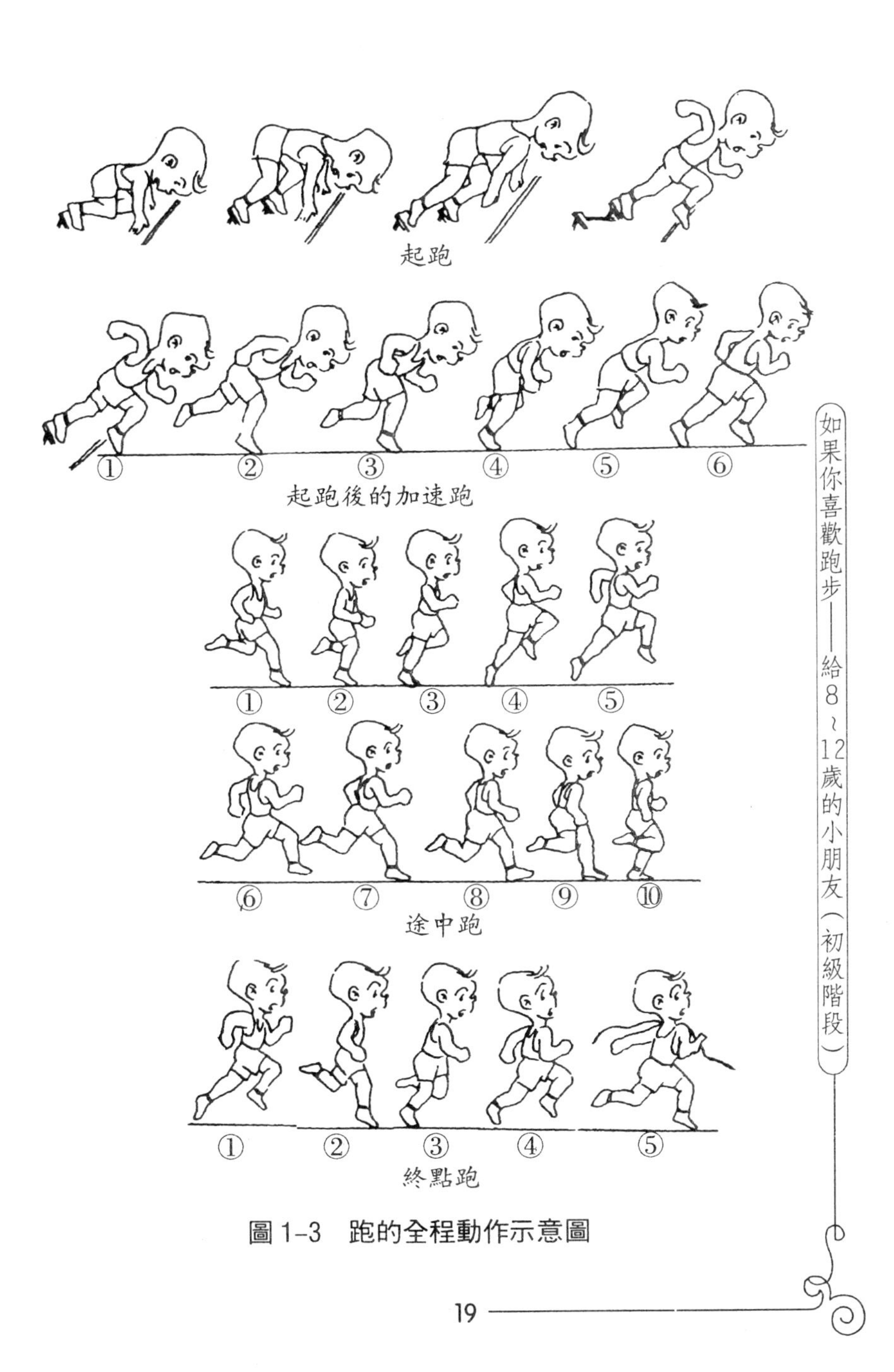

圖 1–3　跑的全程動作示意圖

站立式起跑　　蹲踞式起跑

圖 1-4　起跑姿勢示意圖

東西（起跑器），另一個是學會起跑的姿勢。

起跑姿勢有兩種，一種是短跑中的蹲踞式起跑，一種是長跑中的站立式起跑。

在短跑比賽中，最好用蹲踞式起跑。蹲踞式起跑應該使用起跑器。如果你沒有起跑器，在兩隻腳站的地方挖兩個小坑也可以。

在長跑比賽中，起跑時不用像短跑那麼快，用站立式起跑就行了。

①起跑器的安放

我們常見的起跑器安放方法有三種：普通式、接近式和拉長式。

這三種安放方法的共同點是：前面的起跑器抵足板與地面的角度大概是 45°左右；後面的起跑器抵足板與地面的角度大概是 60°～80°；兩個起跑器之間擺放的距離約為 15 公分。

這三種安放方法的不同點是：前面的起跑器到起跑

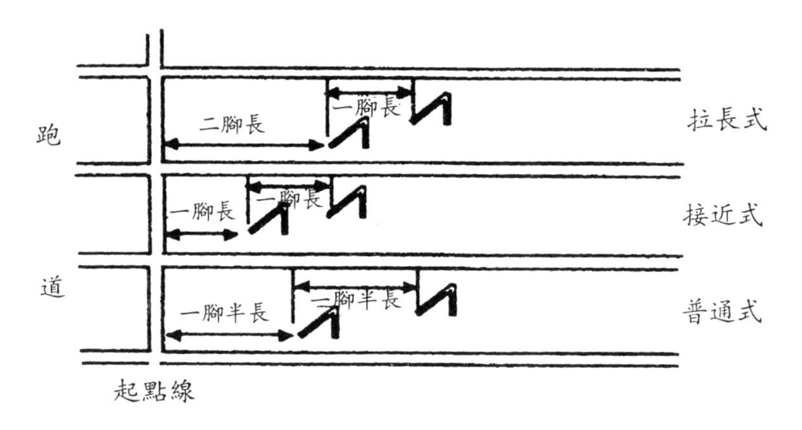

圖 1-5　起跑器安放示意圖

線的距離不同（普通式應該是你自己腳長的一個半；接近式應該是一腳長；拉長式應該是兩腳長）；前面的起跑器到後面的起跑器的距離不同（普通式應該是你自己腳長的一個半；接近式和拉長式都是一腳長）。

這三種安放方法都有它的優點，選擇哪種方法安放起跑器，要根據你自己的身高、體形、身體素質和技術水準等特點來決定。無論你採用哪一種方法，都要遵循這個原則；能使你在起跑時跑得最快。

②起跑技術

短跑的起跑：

短跑的起跑過程包括「各就位」、「預備」和「鳴槍」（或「跑」）三個階段。

當你聽到「各就位」的口令時：

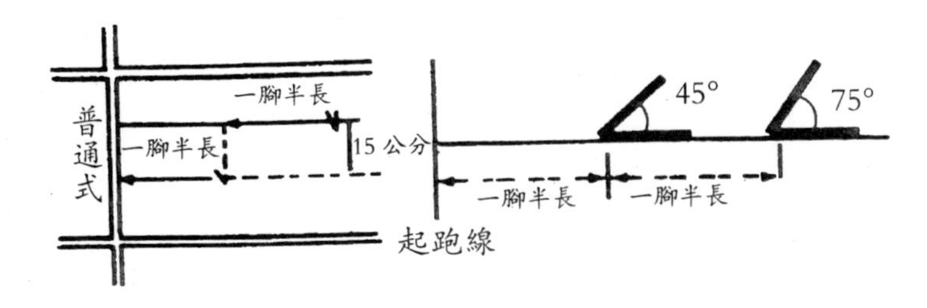

圖 1–6　起跑器抵足板安放示意圖

圖 1–7　蹲踞式「各就位」動作示意圖

要輕快地走到起跑器前，做 2～3 次深呼吸，在你的身體裡多存點兒氧氣。

然後蹲下用兩手撐地，把你有力的腿放在前面，後膝脆地，兩腳踏在前後起跑器的抵足板上（但要注意你的腳尖應該與地面接觸），或者把腳放在事先挖好的小坑中，然後兩手收回到起跑線後支撐地面，兩臂伸直或微曲，兩手間的距離與肩同寬或比肩稍寬一些，四指併攏或稍分開與拇指形成「人」字形。背部微微弓起，但不能緊張，你的脖子要自然地放鬆不要用力。兩隻眼睛看著眼前的地面，千萬不要抬頭去看你的同學或別的什

圖 1-8　蹲踞式「預備」動作示意圖

麼人。

這時，你應該靜靜地等著聽「預備」的口令。

當你聽到「預備」口令時：

要快吸一口氣，並慢慢地抬起你的臀部，臀部抬起的高度要比肩高一些，同時你的身體稍向前移動，這時你身體的重量主要放在兩個胳膊和前面的腿上。你前腿的大腿與小腿的夾角大約 90°，後腿的大腿與小腿的夾角大約成 120°，你的兩隻腳掌要緊緊地壓在抵足板上。這樣就做好了「預備」姿勢。

這時，集中你的注意力等待槍聲。

當你聽到槍聲或「跑」的口令時：

你要做的事情就是，兩條腿用最大的力量和最快的速度蹬起跑器，使你的身體向前上跑出。同時你的兩手離開地面，一前一後，用力擺動。後腿離開起跑器後，立即彎曲膝關節，向前上方擺出。擺出時腳不要離開地面太高，免得第一步太大，影響以後的加速跑。

你的起跑動作完成了。

圖 1-9　蹲踞式「鳴槍」或「跑」的口令動作示意圖

中長跑的起跑：

中長跑的起跑過程包括「各就位」和「鳴槍」（或跑」的口令）兩個階段。

長跑的起跑姿勢用「站立式」起跑方式。

當你聽到「各就位」的口令時：

從集合線（一般在起跑線後 3 公尺左右的地方，也可能沒有線）走到起跑線處，兩隻腳一前一後站立，把你有力的腿放在前面，前腳尖緊靠在起跑線後沿，後腳距前腳一腳左右，上體前傾，兩個膝關節彎曲，兩個臂一前一後，身體的重量主要放在前面的腳上，保持穩定姿勢，這樣就做好了「預備」姿勢。

這時，集中你的注意力等待槍聲。

圖 1–10　站立式起跑「各就位」動作示意圖

圖 1–11　站立式起跑「鳴槍」或「跑」的口令動作示意圖

當你聽到「鳴槍」或「跑」的口令時：

兩腿立即用力蹬地，緊接著快速向前擺動，兩臂也一起前後擺動，向前跑出。

站立式起跑的動作，除了預備姿勢，其他和蹲踞式起跑差不多，但是，沒有蹲踞式那樣用力，也沒有蹲踞式起跑的速度快。

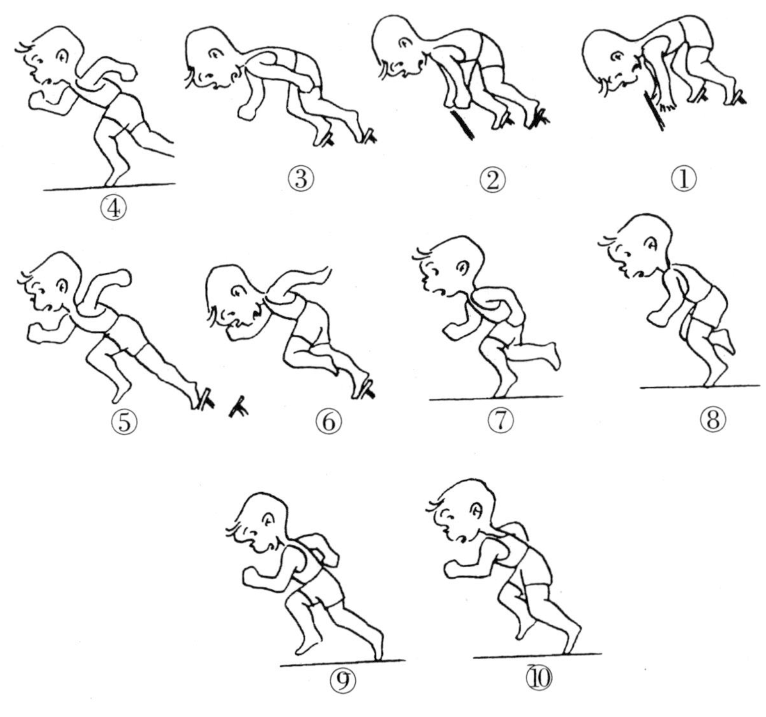

圖 1–12　加速跑動作示意圖

1.3.2　起跑後的加速跑技術

起跑後馬上轉入加速跑階段。從你蹬離起跑器後第一步落地後，就開始了加速跑。

加速跑的距離一般為 15～25 公尺。

短跑的加速跑距離長一些，長跑的加速跑距離短一些。

在加速跑的階段中，兩腿快速用力蹬地，兩臂積極擺動。跑的動作越來越快，步子也逐漸加大，身體從前傾逐漸變為直立。頭部也逐漸抬起，眼睛逐漸向前看。

加速跑時，最重要的是儘快達到最快的跑速。

達到最快的跑速後，就轉入途中跑階段。

1.3.3 途中跑技術

途中跑是從起跑後加速跑的結束開始，一直到離終點大約 10 公尺的距離。

途中跑在整個跑中佔了最多的部分，是你要跑的主要段落。在跑這一段距離時的速度和步子都比較穩定。

在跑途中跑中，身體稍稍向前一些或者直立，兩隻眼睛自然向前看；脖子和肩膀要自然放鬆；兩手半握拳，上臂和前臂彎成直角，繞著肩關節，用力一前一後擺動。注意，向前擺時手擺的高度不要超過下巴，向後擺時你的手不要超過胯骨；你的兩臂擺動的快慢與你跑的快慢要一樣。

跑的時候，有一條腿在蹬地，另一條腿在空中向前擺。我們就把向前擺的腿叫擺動腿，蹬地的腿叫後蹬腿。

在跑的過程中，後蹬腿要用力蹬地，把你的身體向前推。擺動腿要積極地向前上方擺，然後擺動腿又快速地落地，變成後蹬腿。就這樣兩條腿不停地交換做蹬地

圖 1-13 途中跑技術圖

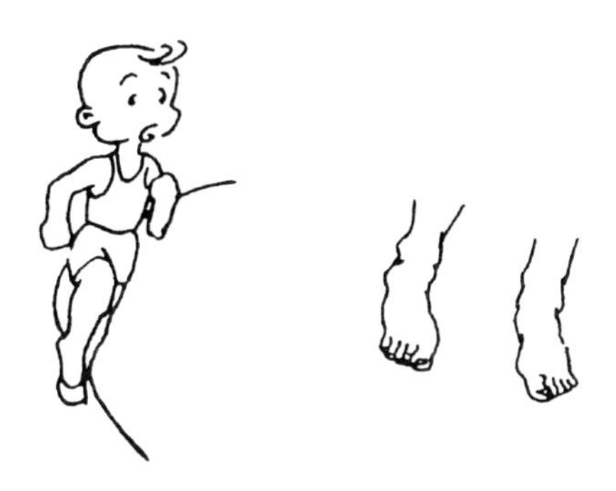

圖 1–14　彎道途中跑技術圖

和擺動的動作。

途中跑階段裡跑得快不快，有兩個條件：一個是你跑的步子大不大（我們叫它「步長」），另一個是你兩條腿交換得快不快（我們叫它步頻）。加大步長和加快步頻都能使你跑得更快。在 8～10 歲的年齡裡，最好用加快步頻的方法來跑。當然，你能又加快步頻，又加大步長，那是最好不過的。

1.3.4　彎道途中跑技術

在長跑中，要在田徑場跑好幾圈。每一圈都有兩個彎道。彎道途中跑的技術和直道途中跑的技術稍有區別。

當你從直道跑進彎道，會感覺到有一股力量把你向跑道的外面推，這股力量叫做「離心力」。跑得越快，離心力就越大。離心力會使你跑的速度減慢。所以，跑

圖 1–15　終點跑技術圖

彎道的時候，你的身體要向內傾斜，跑的速度越快，身體向內的傾斜就越大。

另外，兩臂的擺動也要有變化：左臂擺動的幅度要小些，右臂擺動的幅度要大些。你的兩條腿的擺動方向也都要稍稍向內。腳著地時，左腳用腳掌的外面著地，右腳的腳掌用內側著地。

做到了這些，你在彎道上也能夠跑得快了。

1.3.5　終點跑技術

終點跑是快到終點的一段距離的跑。這時離終點只有一到兩步了，勝利在望。

勝利在望，不一定是勝利在握。小心後面的人在這最後一步超過你。

終點跑的技術，就是讓你在這最後的關頭，繼續領先，或者超過別人。

離終點線 1～2 步時，要加快跑的步頻，同時用力

向前壓身體，讓你的胸膛或者肩膀早一點到達終點。

到了終點，可別馬上停下來，要順著身體向前的衝勁，慢慢地減速。不然，沒準兒會摔一跤。

1.4 跑得時候怎樣呼吸

短跑的距離短，需要的氧氣不多。所以短跑時，一口氣跑到終點就行了。

長跑的距離長，需要的氧氣很多，必須在跑的時候掌握正確的呼吸方法，以及時補充氧氣。

在長跑的途中，一般採用嘴和鼻子同時呼吸的方法。呼吸的節奏要與跑的節奏相配合，一般採用兩步一呼、兩步一吸的方法；有時也採用一步一呼、一步一吸，或者三步一呼、三步一吸的方法。在呼吸時要注意加大呼吸的深度，也就是說要儘可能多地向體內吸氣，再儘可能多地往外呼氣。

在長跑中，當跑了一段距離後，由於身體內的氧氣不夠用，你會感到胸部發悶，呼吸困難，四肢無力，覺得跑不下去了，這叫做長跑的「極點」現象。這也是一種正常的生理現象。

當你出現這種現象時，要咬牙堅持跑下去，並加大往外呼氣，這樣堅持跑一會兒，「極點」現象就會消失了，你又可以繼續正常地跑下去了。

1.5 賽跑比賽的一些基本規則

正式的田徑運動中，短跑項目有 60 公尺、100 公尺、200 公尺、400 公尺等。中跑有 800 公尺和 1500 公尺兩項。長跑有 5000 公尺和 10000 公尺兩項。此外，還有男子 110 公尺跨欄跑、400 公尺跨欄跑和女子 100 公尺跨欄跑、400 公尺跨欄跑及 3000 公尺障礙跑。這些項目都在跑道上進行。

少年兒童參加的短跑項目，一般是 60 公尺和 100 公尺。

少年兒童參加的長跑項目一般是 800 公尺和 1500 公尺。

在 8～10 歲的年齡，一般不參加跨欄跑和障礙跑的比賽。

正規的賽跑場地一圈是 400 公尺，有 6～8 條跑道。

比賽時，可以穿專門的釘鞋（又叫跑鞋）。短跑比賽可以使用起跑器。

參加比賽時，還要佩戴號碼布（有的學校比賽時用紙做的號碼布）。號碼布應該戴在胸前和背後。如果只有一塊號碼布，應該戴在胸前。

跑的比賽分為分道跑和不分道跑兩種。

短跑是分道跑比賽，運動員自始至終在自己的跑道裡面跑，不能跑到別人的道內。如果你跑到別人的跑道裡，擋住了別人，就犯了規，拿了第一名也不算。

長跑比賽不分道，起跑後就可以搶道。

短跑比賽必須採用蹲踞式起跑，運動員應使用起跑器，起跑過程包括「各就位」「預備」「鳴槍」三個階段。中長跑比賽採用站立式起跑，起跑過程包括「各就位」「鳴槍」兩個階段。

參加短跑比賽的人比較多，往往超過跑道的數量。因此要把參加短跑比賽的人分成好幾組，分幾輪比賽。第一輪比賽叫預賽，最後一輪比賽叫決賽。

例如，現在有 8 條跑道，32 人參加比賽。在第一輪中，分成 4 組進行預賽，每個組 8 個人。預賽結束後，從每個組選出成績最好的兩個人，4 個組一共 8 個人，參加決賽。在決賽中，跑了第一的人，就是這個項目的冠軍。

長跑比賽可以分組，也可以不分組。如果參加長跑比賽的人太多，也要分組進行比賽，賽完後按每個人成績的好壞排出名次。

賽跑的成績，是以身體的軀幹部分（不包括你的頭、脖子和四肢）到達終點線的時間來計算的。

1.6 評一評自己跑得好不好

經過一段時間的訓練，大概你已經有了不小的進步。到底進步了多少？可以從下面的表裡面，找到自己的位置。

要是發現有哪一項比較差，今後可要多多練習差的這方面，爭取所有的項目全都一起提高。要知道，如果想跑得快，你的身體的每個方面都要特別棒才行。

1.6.1 自評的項目

自評項目有 5 個，你可以自己用評估表來查出自己的水準屬於哪個等級。如果你所測試的項目為「優秀」，說明你在這個項目上已經達到了一定的水準。如果是「良好」，還需要朝「優秀」努力。如果只達到了「及格」，那就要重點加強這方面的訓練，否則會影響你的總體發展。

在查表時，如果你的成績在兩個級別之間，應該按照低一級的標準計算。

例如：

男子 8 歲組　30 公尺的成績為 5.9 秒，評為良好。

女子 10 歲組　400 公尺的成績為 1 分 31 秒，評為及格。

（1）說明

①30公尺、60公尺測試你的速度能力。
②400公尺測試你的速度耐力。
③立定跳遠測試你的爆發力。
④投擲小壘球測試你的力量。

在測試這些項目時，一定要按要求進行，否則就不能說明問題了。

（2）測試方法

①30公尺跑

用站立式起跑。讓你的老師、同學或你的爸爸、媽媽給你發令。再找一個人在30公尺的地方，給你計時。

②60公尺跑

也用站立式起跑。其他和30公尺跑一樣，找個人給你發令，再找個人給你計時。

③400公尺跑

同樣用站立式起跑。可以不用別人發令，自己給自己發令起跑。讓計時的人一看到你開始跑，立即開秒表。

④立定跳遠

雙腳踏在沙坑邊緣，用力向沙坑裡跳，越遠越好。

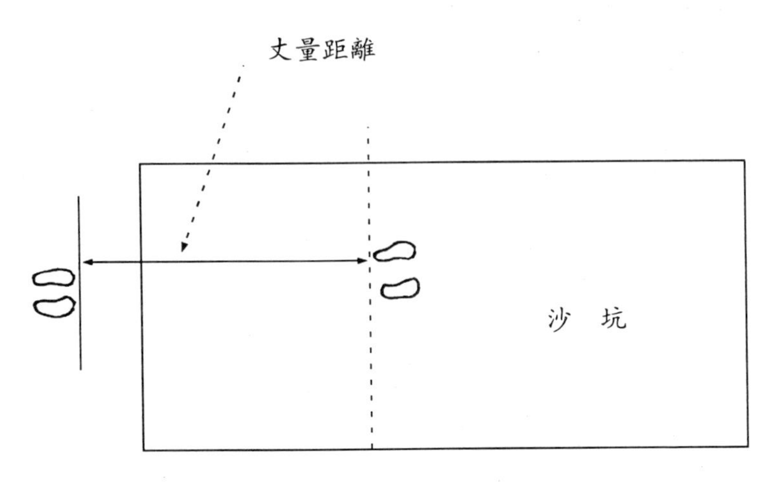

圖 1–16　立定跳遠丈量示意圖

量成績時，從沙坑邊你的腳尖處，量到落在沙坑裡的腳後跟處。一共跳三次，取三次中最好的一次成績。

在跑道上畫出一個 15 公尺長的距離。在起點的地方站好後，從靜止開始用一條腿向前跳，一直到 15 公尺結束。然後，換另一條腿，再跳一次。這兩次單足跳可別忘了讓你的老師或同學幫你計時間。兩次跳完後，把兩次跳的時間加起來，再除以 2，得出的數就是 15 公尺單足跳的成績。

⑤ 投擲小壘球

在你要投的地方橫著畫一條線，作為投擲線。把小球放在手中就像往遠處扔石子一樣，用力投出。在球落下的地方找個人幫忙記下，然後用尺子量一下就行了。

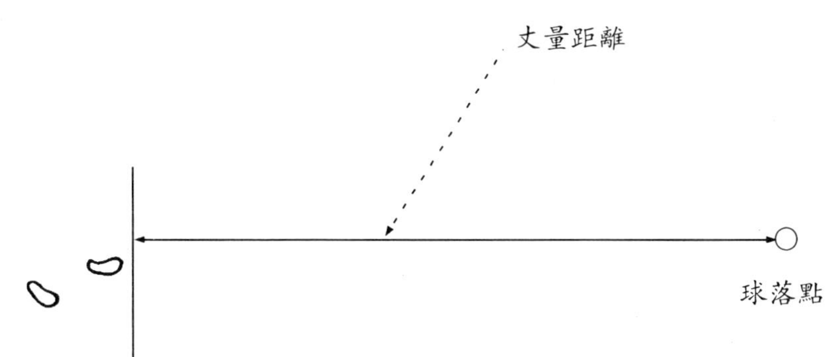

圖 1–17　投擲小壘球丈量示意圖

1.6.2　自我評估表

上面 5 個項目都測完之後，就可以在下頁的自我評估表上找到你的位置了。

表 1-1　短跑初級階段自我評估表

項目	等級	男 8 歲	男 9 歲	男 10 歲	女 8 歲	女 9 歲	女 10 歲
30 公尺	優秀	5.8	5.5	5.2	6.0	5.7	5.3
	良好	6.0	5.7	5.3	6.2	5.9	5.5
	及格	6.2	5.9	5.6	6.4	6.1	5.6
60 公尺	優秀	10.7	10.1	9.6	11.1	10.6	9.9
	良好	10.9	10.4	9.38	11.3	10.9	10.2
	及格	11.3	10.7	10.2	11.7	11.1	10.4
400 公尺	優秀	1:39.0	1:32.0	1:27.0	1:41.0	1:34.0	1:27.0
	良好	1:43.0	1:35.0	1:29.0	1:44.0	1:37.0	1:30.0
	及格	1:47.0	1:40.0	1:33.0	1:48.0	1:41.0	1:32.0
立定跳遠（公尺）	優秀	1.74	1.94	2.13	1.62	1.82	1.97
	良好	1.66	1.84	2.06	1.56	1.72	1.91
	及格	1.58	1.72	1.90	1.48	1.62	1.87
投擲小壘球（公尺）	優秀	31.00	36.00	42.00	23.00	26.00	30.00
	良好	29.00	33.00	39.00	21.00	24.00	28.00
	及格	27.00	30.00	35.00	19.00	22.00	26.00

如果你想跑得快

——給 13～14 歲的小朋友

（中級階段）

經過了跑的初級階段訓練，想必你已經初步掌握了怎樣跑得快的基本知識和練習方法，並且也提高了你的跑的成績。現在，你的短跑或長跑成績排在班級第幾名呢？在你的年級裡排在第幾名？在你的學校排在第幾名？

我想，你一定想繼續提高成績，獲得班裡、年級裡、學校裡、市裡的第一名，為你的小組、班級、年級、學校和城市爭光。在我們的中級階段課程裡，將告訴你一些常用的訓練方法和一些基本的運動訓練知識，對你的運動成績的提高將有很大好處。

2.1　中級階段的一般訓練方法

中級訓練階段通常指年齡在 13～14 歲、已具有初級訓練水準的少年兒童的訓練。這一階段的少年兒童在生理、心理上的發展很快，可塑性強。這一階段的訓練非常重要，它是通往更高一級運動水準的橋梁。

大家知道，我們不是每天到田徑場上跑跑跳跳就可以提高成績的。即使成績提高了，說不定成績提高得還很快，但並不能說明將來就會跑得更快。

就好比建高樓大廈，如果地基不堅實牢固，建起的大廈就會倒塌。例如，有些小運動員，剛開始訓練，他們跑得一樣快，但隨著年齡的增長，有些運動員成績飛快提高，而有些運動員成績提高緩慢，甚至停滯不前，這就是運動基礎沒有打好。

2.1.1 什麼是運動基礎

運動基礎就是運動員所具備的各種基本素質和基本技術。例如，你的大腿很有力量，但因為柔韌性差，就不一定能跑得快。跑步時，大腿抬得不夠高，影響了你的步長；你的各種素質較好，但沒有掌握合理的技術，同樣跑不快。

所以，基本素質發展不全面，將來肯定會影響成績的提高。這就像你在學校學習，老師教的每一門課都要學好，數學、國文、物理、化學、英語要學好，音樂、美術、體育也要認真學，基礎打得紮實，將來才能有更大的潛力，成為全面發展的合格人才。

2.1.2 什麼是基本素質

基本素質包括：力量、速度、耐力、柔韌、協調和靈敏等。

基本素質訓練是指發展力量、速度、耐力、柔韌及協調和靈敏等素質的訓練。

在訓練中應使各項身體素質得到均衡發展。雖然練習跑的運動員主要是發展速度和耐力素質，但是，如果其他的素質不好，例如，力量不足，或靈敏性及協調性差，也會影響你的速度和耐力的發展。就像我們日常要求膳食平衡一樣，不是光吃肉身體就能長得壯。人的身體需要很多營養成分，除了肉之外，還要有蔬菜、水果等等。

除了具備這些基本素質，中級階段還應初步掌握跑的合理技術和跑的簡單戰術，了解一些簡單的心理素質和訓練方法。

2.2 怎樣進行一般素質訓練

一般素質訓練的內容和方法很多，包括田徑、球類、體操、游泳、跳繩、遊戲等等。大家可根據現有的條件，選擇一些效果較好的、輕鬆的、容易掌握的、遊戲性較強的內容進行練習。

2.2.1 柔韌訓練

柔韌素質是指，身體各關節能大幅度完成動作的能力。

例如，有的人體前屈，手指尖連地也摸不到，而有的人能夠把全手掌觸在地面，這就是柔韌性的好壞。我們身體上有很多關節，如髖關節、膝關節、踝關節、肩關節、肘關節等（如果你不知道它們在哪兒，問問你的老師或爸爸媽媽），這些關節對人體的運動起到重要作用。

不同的關節有不同的特點，有些關節只能使身體的某一部分做上下運動，如肘關節，它只能讓前臂做上下運動；有些關節既能使身體某一部分做上下運動，又能做前後運動，還能做旋轉運動，如肩關節就可以讓上肢做這些運動。大家不妨在自己的身上做做試驗。

另外，大家都知道關節的運動幅度是有限的，我們把一個關節運動幅度的極限稱為「極限位置」。當身體的某一部分被迫超過關節的自然極限時，就會出現損傷。經常做柔韌性練習可逐漸地加大關節運動幅度，從而可以有助於減少受傷的危險。

再者，有限的柔韌性是技術和成績不好的最常見的原因之一。柔韌性差對速度和耐力也有妨礙作用，這是因為肌肉必須用更大的力來克服阻力以便達到有效的步長。在所有年齡階段，女子柔韌性通常比男子好。隨著年齡的增長，柔韌性呈下降趨勢。所以，最理想的是從小就開始定期地進行伸展牽拉練習，長年堅持不懈，以防止由於年齡的增長造成的柔韌性下降。

柔韌練習的要求：

（1）開始練習時要做好準備活動，在肌肉完全活動開後再進行牽拉練習。

（2）要有次序地進行，先從頭部開始逐漸向下到腳趾，或者從身體中部開始到手和腳。

（3）先主動牽拉到最大程度，然後施加額外力量進一步牽拉。

（4）採用不同練習牽拉不同部分，這樣可以避免因總做同樣的練習而感到單調和枯燥。

（5）緩慢、循序漸進地牽拉。輕鬆緩慢地牽拉肌肉到一個感到舒服的位置，絕不能拉到肌肉感到疼痛的程度。另外，在牽拉到極限時不能上下移動，以免發生事故。

（6）不要吸氣，要自然地呼吸，平靜而放鬆。

（7）不同的人在牽拉練習中應有不同的重點，不同的項目對柔韌性也有不同的需求，哪個部位柔韌性差，哪個部位就應該多做。

（8）經常地牽拉，在準備活動和整理活動的內容中都應安排柔韌練習。

（9）從一般到專項。從一般牽拉練習開始，然後做專項牽拉練習。

2.2.2 力量訓練

力量是肌肉收縮產生的拉力。

要想理解這句話的意思，你可以試試，當你站立著，想把大腿抬起，就必須用大腿和腰部的肌肉，讓它們收縮，產生力量才能把大腿抬起。

我們在運動中是不是只用一種力量完成運動呢？不是。譬如，你和你的同伴一起做原地高抬腿，在一分鐘內，你做了 100 次，而你的同伴只做了 80 次，說明你的力量耐力比他好，這種力量叫「力量耐力」；再譬如立定跳遠，你跳了 2 公尺，而他跳了 1.8 公尺，說明你的爆發力比他好，這種力量叫「爆發力」。所以，不同的力量在運動中有不同的作用，對我們練習跑的運動員來說，這兩種力量都很重要，你要把它們弄明白。

力量訓練的要求：

（1）避免持續時間過長。

（2）少採用負桿鈴練習，多利用本人體重，做一些跳躍練習，或利用循環練習、實心球練習等來發展力量。

（3）力量訓練應考慮全面性，上肢、軀幹、下肢的力量都要練。既要練身體前面的肌肉力量，又要練身體後面的肌肉力量，決不能忽視上肢力量的訓練。

2.2.3 耐力訓練

耐力是指，人在一段時間內完成一定強度工作的能力。

你和你的同伴用同樣的速度跑，你能用這樣的速度跑 800 公尺，而他只能跑 600 公尺就不行了，說明你的耐力比他的耐力好。限制和影響速度的主要因素是疲勞。譬如，你用跑 100 公尺的速度跑 400 公尺，肯定不會從始至終保持一樣的速度，而是越到後來速度越慢，這就是疲勞引起的。運動員的疲勞現象出現得越晚，他的耐力素質就越好。

耐力訓練的要求：

（1）耐力訓練的速度應適中，不能用最快的速度練習。

（2）耐力練習的速度和距離可以調節，如果用較快的速度跑，重複的次數應少一些；用較慢的速度跑，重複的次數可多些。

（3）每一組耐力練習之間，應有一定的休息時間，使身體得到必要的休息後，再進行下一組的練習。

2.2.4 速度訓練

速度是人體快速移動或快速做動作的能力。

它包括了人體的快速移動，如短跑運動員的向前跑；還包括了肢體的動作速度，如快速的擺臂或擺腿。

速度訓練中包含著技術訓練的內容，如果沒有良好的技術，就不能有效地發展速度。

速度訓練的要求：

（1）為了發展速度，必須經常以最大的或接近最大的速度練習。

（2）速度訓練應在身體狀況好的情況下進行。

（3）在兩次或兩組練習之間應有足夠的休息時間，以便能從疲勞中恢復過來，再進行下一次訓練。

（4）速度練習的距離，通常不超過 100 公尺。

2.2.5 協調和靈敏訓練

協調和靈敏能力是迅速地掌握不同難度動作並能有效、準確地完成的能力。

我們經常看到有些人使盡了全身的力量，就是跑不快，而且動作也很難看。這是由於協調和靈敏能力差的原因。所以，協調和靈敏能力好的運動員不僅可以較快地掌握技術動作，而且能夠充分發揮自己的身體素質水準。

協調和靈敏訓練的要求：

（1）協調和靈敏素質的訓練越早越好。

（2）8～12 歲是少年兒童協調和靈敏素質發展的

重要時期，這一年齡階段的基本協調能力練習，是進一步提高和發展跑的技術的基礎。

（3）訓練方法應該多種多樣，使身體的各個關節都得到充分的練習。

2.3 一般身體訓練的主要練習手段

下面介紹的練習手段中經常提到發展某部位的肌肉力量，所以，在這兒還要簡單介紹一下我們身體各個部分的肌肉。

大腿前面的肌肉，叫做大腿前群肌；
大腿後面的肌肉，叫做大腿後群肌；
大腿外側的肌肉，叫做大腿外側群肌；
大腿內側的肌肉，叫做大腿內側群肌；
胸和腹部的肌肉，叫做胸肌和腹肌；
背部的肌肉，叫做軀幹後群肌；
兩個胳膊的肌肉，叫做上肢肌群。

● 下蹲練習 3 例

（1）上體正直，併腿下蹲，全腳著地，雙臂伸直做側舉、前舉，連續蹲起。

（2）上體正直，併腿下蹲，腳跟抬起，兩臂伸直做前舉、上舉、側舉。（圖 2-1）

圖 2–1

（3）下蹲擺臂練習，擺臂要求同基本技術中擺臂的規格。

【主要作用】：

①發展髖、膝、踝三關節的柔韌性，提高平衡能力。

②加大擺臂的難度，改進擺臂技術，提高擺臂能力。

③發展腿部力量。

● 跪坐練習 2 例

（1）併腿正面跪地，足背著地，後仰半倒體。（圖 2–2）

圖 2–2

（2）跪地側坐起，兩腿併攏，臀部要坐在小腿兩側的地面上，起來要用力，並挺腹，盡量不用手撐地。（圖 2-3）

圖 2-3

【主要作用】：

①發展髖、膝、踝三關節的柔韌性。

②發展髖關節的柔韌性和靈活性。

③發展大腿前群肌肉及腹肌的力量。

- 跪起練習 2 例

（1）雙膝併攏跪地，雙手支撐成俯臥撐姿勢，踝關節發力，從最大角到最小角。（圖 2-4）

圖 2-4

（2）雙膝併攏跪地，兩臂用力向上擺動，利用擺臂力量跳起，根據跳起的高度，可正面跳起，側向跳起，還可跳起做向後轉體。（圖 2–5）

圖 2–5

【主要作用】：

①發展小腿前肌及踝關節的柔韌性和力量。

②提高快速擺臂力量。

● 分腿坐練習 5 例

（1）分腿坐地，兩大腿之間的夾角大於 90°，兩臂放在腦後，上體前傾，並向左向右轉體。

（2）坐地兩腿側分伸直，膝關節放鬆，上體向左腿、右腿下壓，手臂前伸觸腳尖，或上體向正前方下壓。

（3）雙人練習時，兩人面向對坐，兩腿側分，兩腳互蹬，手拉手，一人做體前屈，另一人上體後仰。

① ②

圖 2-6

（圖 2-6）

【主要作用】：

①發展大腿後群肌的伸展性。

②發展腰、髖的柔韌性和力量。

● 盤腿坐練習 3 例

（1）坐在地上，兩膝分開，足底併攏，用手壓膝。（圖 2-7）

圖 2-7

圖 2-8

（2）坐在地上，上體稍前傾，重心放在雙足上，用腿的力量使身體上下振動，盡量不用手撐地。（圖 2–8）

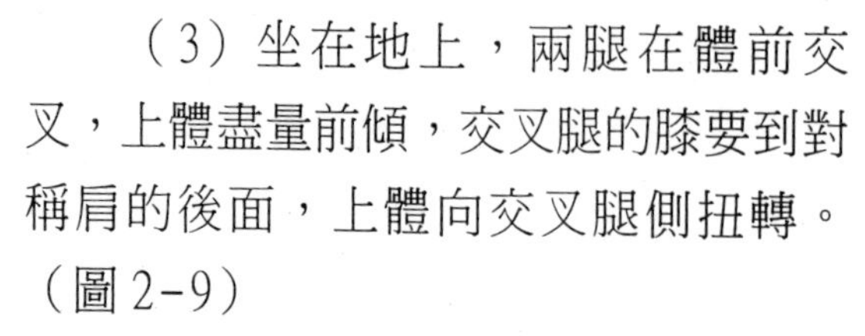

（3）坐在地上，兩腿在體前交叉，上體盡量前傾，交叉腿的膝要到對稱肩的後面，上體向交叉腿側扭轉。（圖 2–9）

圖 2–9

【主要作用】：

①發展髖、膝、踝三關節的柔韌性及力量。

②發展大腿外側肌群和腰背的柔韌性。

③發展平衡、協調能力。

● 壓腿練習 4 例

（1）正弓箭步壓腿，前腿一側的髖要挺出，後腿要蹬直，足尖著地，身體向下壓。

（2）側弓箭步壓腿，手扶兩膝，左右交替，重心上下稍有振動。

（3）兩腿併立，體前屈，兩手掌心觸地，上體與腿盡量靠近。

（4）兩腿左右開立，體前屈，兩臂伸直手握踝，或兩手放腦後，體前屈下振。

【主要作用】：

發展腰、髖、大腿後群肌的柔韌性。

● 仰臥練習 6 例

（1）仰臥直腿上下打腿，交替進行，腳跟不能碰地。

（2）仰臥高抬腿，足尖勾起，大腿抬到接近胸部，可按節拍連續做。（圖 2-10）

圖 2-10

（3）仰臥收抱腿，可以直臂直腿，收起時手臂觸腳尖。（圖 2-11）

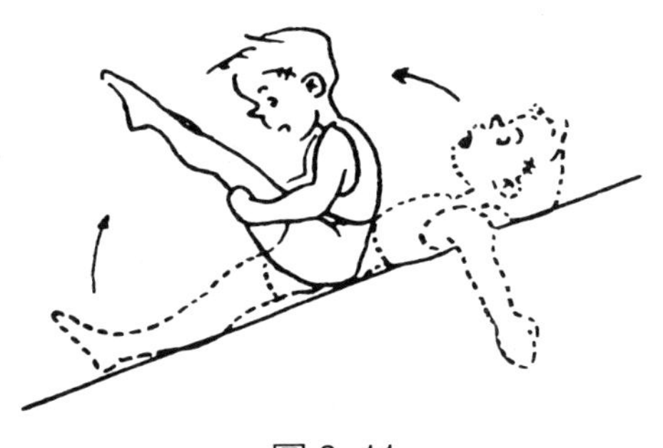

圖 2-11

（4）仰臥單腿側擺，正面躺在地上，直腿向側面擺動，上體儘量不要轉動，以加大髖關節的轉動幅度。（圖 2-12）

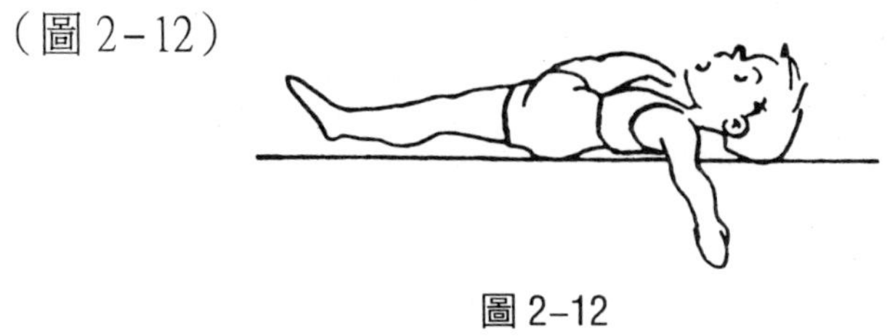

圖 2-12

（5）肩背倒立，兩腿做前後打腿。（圖 2-13）

圖 2-13

（6）肩背倒立，兩腿做車輪跑。（圖 2-14）

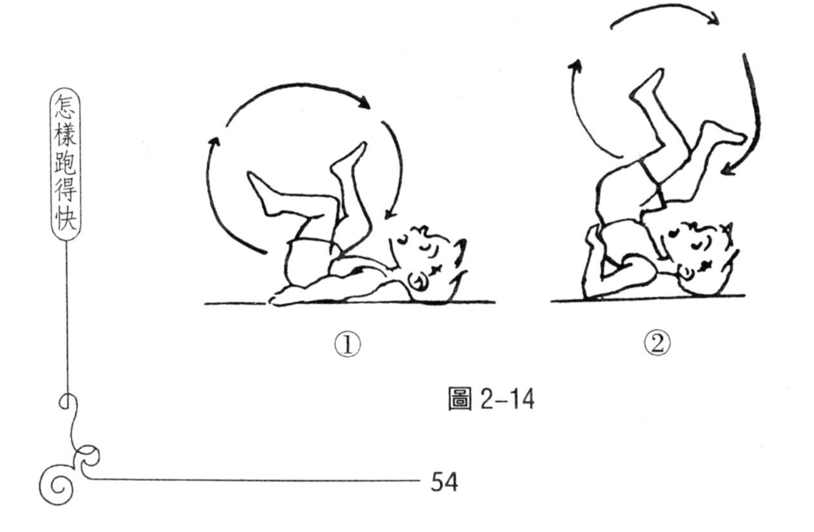

圖 2-14

【主要作用】：

①發展腰腹肌的柔韌性及力量。

②發展髖、膝關節的柔韌性及協調性。

● 俯臥練習 4 例

（1）俯臥撐，俯臥舉腿，手臂彎曲，胸接近地面直腿後上舉，兩腿交替做。（圖 2－15）

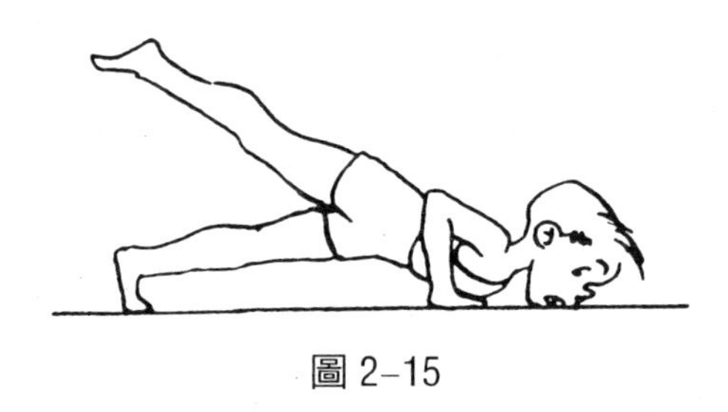

圖 2–15

（2）先成俯臥姿勢，上體後仰挺胸，兩臂後伸，屈小腿，兩手握踝，充分拉長體前肌和大腿前肌群。（圖 2－16）

圖 2–16

（3）俯臥撐直腿收，團身屈腿收雙腿併攏，大小腿充分折疊，膝接近胸部，用腳掌撐地，向後伸腿時，膝關節要伸直，可連續做。向前收腿時要快。（圖 2-17）

圖 2-17

（4）俯臥撐後交叉腿練習。左腿屈膝與伸直的右腿成交叉姿勢，兩腿交替做，雙手不能離地，使腰、髖做最大的轉體。（圖 2-18）

【主要作用】：

①發展腰、背肌柔韌性。

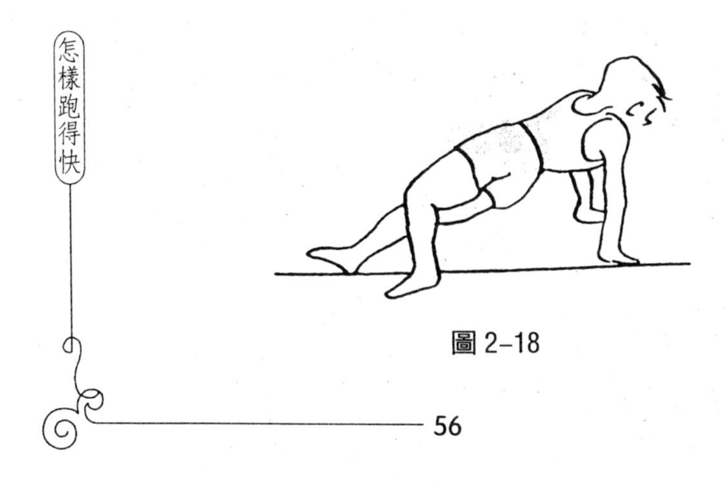

圖 2-18

②發展手臂力量。

③提高蹬腿、收腿的能力。

● 體操凳練習 9 例

（1）腹背肌練習。坐在體操凳上，將腳固定在肋木上，上體後倒練習。加大強度時，可以增加負重，如穿沙背心或雙手持槓鈴片在腦後。（圖 2－19）

圖 2–19

（2）上肢練習。背對肋木坐凳上，手握肋木做挺胸拉臂動作，發展肩關節的柔韌性、靈活性，發展上肢力量和胸肌力量。（圖 2－20）

圖 2-20

（3）凳上腹背撐練習。三種不同撐法，分別發展胸肌、背肌及肩背肌群。（圖 2-21）

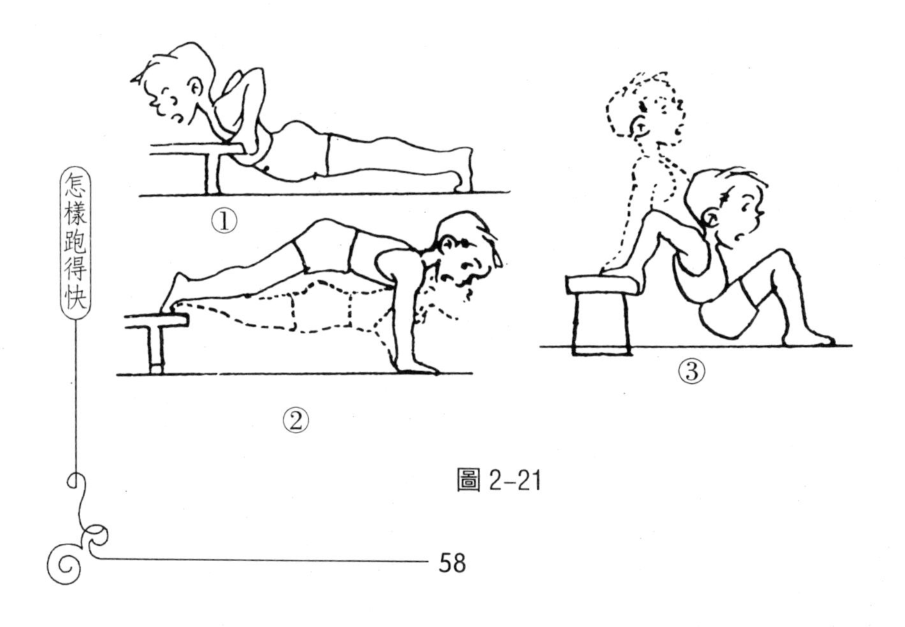

圖 2-21

（4）仰臥凳上做後卷身練習。雙手緊握凳的兩邊，只能做向後卷身，足尖要碰到地面，然後還原，不能向兩側做動作。（圖 2－22）

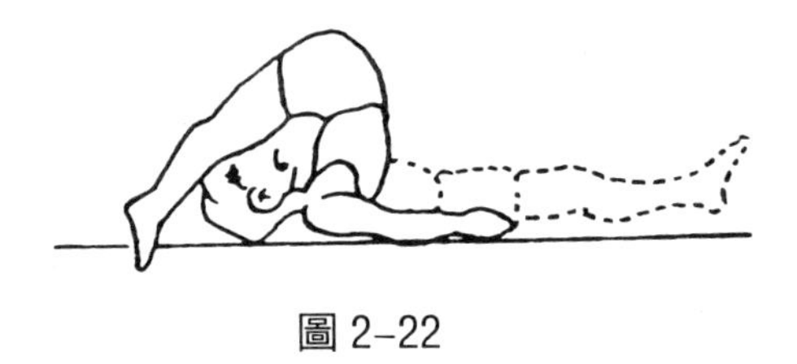

圖 2-22

（5）仰臥撐抬腿挺胸練習。背臥撐坐地，一隻腳放在體操凳上，另一條腿向上抬膝，髖關節用力挺出。如想增加難度，可做負重練習。（圖 2－23）

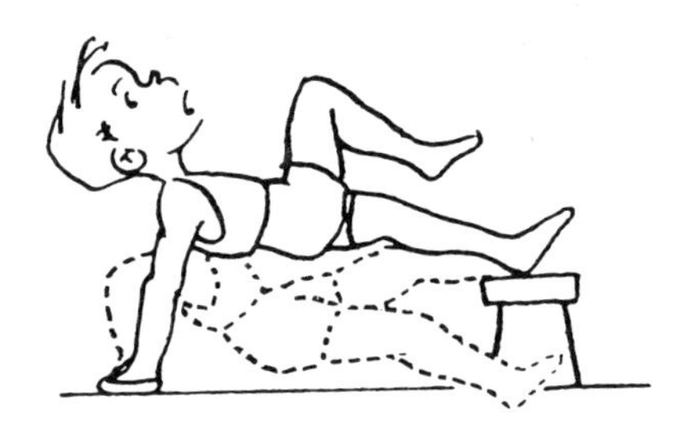

圖 2-23

（6）凳上俯臥、仰臥做腰腹肌、背肌練習。兩人配合練習。加大難度和強度時，可手持啞鈴、雙手持實心球或穿沙衣等。（圖 2－24）

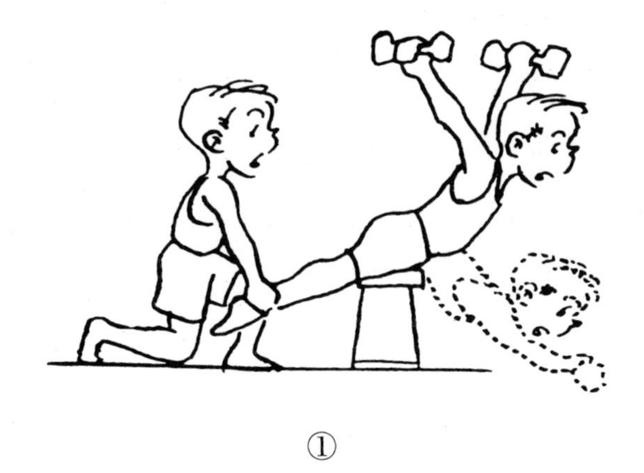

①

②

圖 2-24

（7）轉體練習。足固定在肋木或雙人配合，仰臥在凳上，雙手放在頭後，做向左向右練習，加大難度可持啞鈴或其他重物。（圖 2-25）

圖 2-25

（8）凳上舉腿練習。仰臥車輪跑，仰臥收腹練習，仰臥抬腿練習。可兩人配合完成。（圖 2-26）

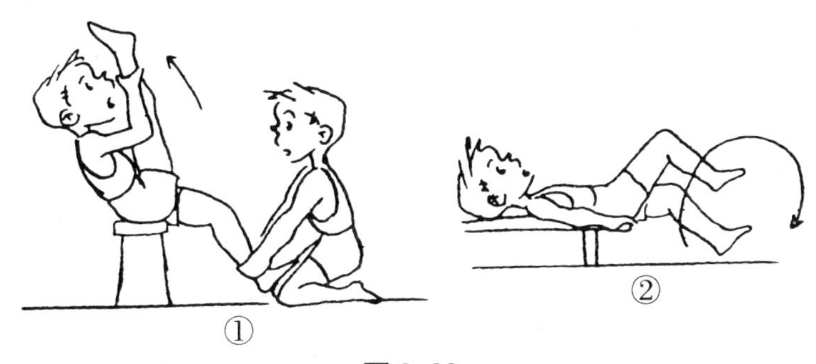

圖 2-26

（9）仰臥雙腿併攏直腿繞環。兩手緊握凳邊，身體在凳上躺穩，必要時兩人配合，另一人騎在凳上保護。（圖 2-27）

圖 2-27

【主要作用】：

①增強上肢、腹背及腿部力量。

②提高柔韌性、靈敏性、協調性。

③提高平衡能力，增長膽量。

● 跳躍練習 7 例

（1）單足、雙足側跳。踝關節用力，膝關節稍彎曲，兩臂向上擺動，重心盡量升高，騰空時腿要放鬆。

（2）單足、雙足正面跳。可面對高度適合的條凳等練習。兩臂配合擺動，腳掌著地，膝稍彎曲，主要讓踝關節發力。（圖 2-28）

（3）跨步跳。兩臂同時前後擺動，全腳著地，積

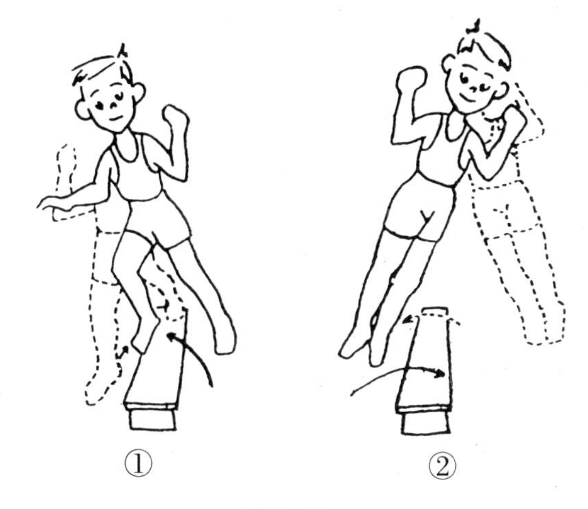

圖 2–28

極踏蹬。根據自己的能力，距離可逐漸延長。

（4）單足、雙足原地跳台階。兩臂配合擺動，膝關節稍彎曲，用踝關節發力，跳到台階上，然後跳下，反覆跳；或兩腿交替跳台階，騰空後兩腿放鬆。

（5）雙足連續跳箱。兩臂配合擺動，兩腿用力蹬地，跳起落在箱上，向前跳下，連續跳若干個跳箱。跳箱的高度可一樣，也可不一樣。

（6）單足、雙足連續跳台階。單足跳時，用前腳掌著地，跳起後大腿迅速向前上方擺動，著地時，大腿積極下壓，並迅速轉為後蹬。練習時，可以直著向上跳，也可斜著向上跳。

（7）立定多級跳。原地併腿起跳，單足交替向前跨跳 3、5 或 10 步，最後一步雙足同時落地入沙坑，每跳一步算一級。初學者應注意上下肢的協調配合，如雙臂同時前後擺動不易掌握，可先用單臂交替擺動。步長不宜過大。隨著技術的熟練、腿部力量的增強，再逐步加大步長。另外，當多級跳掌握後，可做單足、雙足交替跳。距離可幾十公尺。（圖 2-29）

圖 2-29

【主要作用】：

①發展踝關節力量及下肢爆發力。

②改進跑的技術。

③發展協調能力和平衡能力。

④發展上下肢配合能力。

⑤提高靈活性。

● 實心球練習 7 例

（1）正面前拋實心球。兩腿前後站立，雙手持實心球，經體前上舉，隨上體後仰將球保持在頭的後上方，然後把實心球用力向前上方擲出。

（2）背向後拋實心球。兩腿左右站立，成半蹲姿勢，雙手持實心球放在膝前，然後經胸前用力向後上方拋出。

（3）側向前拋實心球。兩腿前後站立，成半蹲姿勢，雙手持實心球轉體，經側下向前上方拋出。（圖 2-30）

圖 2-30

（4）仰臥起拋實心球。仰臥，雙手持球放置頭前，隨上體抬起將實心球向前拋出。此練習可兩人配合連續做。（圖 2-31）

圖 2-31

（5）正面、側面推實心球。兩腿微屈，前後站立，雙手持球屈臂放置胸前，用力向前推出，或把實心球放在一側的肩上，用單臂推出。

（6）雙足夾拋球練習。兩人面對站立，拋球者用雙腳內側夾緊實心球，跳起用力收腹舉腿，將球向前上方拋出。

（7）抬腿送髖傳球。傳球者正弓箭步站立，將實心球放在後腿的髖關節處，並用同側手扶球，向前抬腿時球沿著大腿面向前滾動將球拋出。拋球側的髖向前送，球拋出後向前跨一大步。原支撐腿配合用力蹬地，最後成弓箭步站立。（圖 2-32）

圖 2-32

【主要作用】：

① 發展腰背肌力量、上肢力量、協調性和靈活性。

② 發展蹬腿、擺腿送髖力量，加強蹬擺技術的配合。

● 雙人傳接球 3 例

（1）兩人背對站立，兩足分開站立同肩寬，兩人間距離半公尺，傳球者雙手握球從頭上把球傳給對方，接球者再從胯下傳給同伴，多次重複。

（2）兩人背對站立，一人體前屈，兩臂經胯下後伸遞球，另一人上體後仰成背弓姿勢伸手接球，兩人交替做。（圖 2-33）

圖 2–33

（3）兩人背對背轉體傳球。兩人相距 1.5 公尺，同時向左和向右轉體，傳接實心球。傳球時腳要站穩，不得移動。（圖 2–34）

圖 2–34

【主要作用】：

①發展腹、背、腰的靈活性。

②用比賽的形式進行，可發展動作速率及靈敏性。

● 走跑練習 5 例

（1）足尖走。膝關節伸直，足前掌著地，用踝關節緩衝，走起來要有彈性，步長不宜過大。在訓練課前可做少量練習，50～100 公尺做幾次。在身體訓練課中可以多做一些，為了增加難度可負重走。

（2）高抬膝走。膝關節折疊，足尖勾起，大腿盡量高抬，結合手臂擺動，膝要抬過水平，接近胸部。

（3）側抬腿走。將膝抬至體側，膝要觸到肩的外側。（圖 2－35）

圖 2-35

（4）交叉步走。擺動腿屈膝向支撐腿的側前方擺動，抬腿並將同側髖帶出，著地時用足跟，膝關節要伸直。支撐腿用足跟著地，並立即轉到腳尖支撐。隨著擺動腿向側前方擺動，支撐腿足掌做 180°扭轉。（圖 2－

圖 2–36

36）

（5）弓箭步走。邁步要正，全腳掌著地，盡量跨大步，著地時成弓箭步姿勢。

【主要作用】：

① 發展踝關節力量，發展腰腹肌力量，提高抬腿的能力。

② 發展大腿前後肌群的力量，為提高步長創造條件。

③ 發展轉腰、抬腿、轉髖的能力，改善步長。

● 踢腿走練習 2 例

（1）正踢腿走。直腿從正面向上踢，膝盡量接近胸部，另一腿直腿支撐，兩腿交替進行。

（2）側踢腿走。直腿從體側向上踢，膝盡量接近肩的外側，另一腿直腿支撐，兩腿交替進行。直腿從體後經體側向前做大幅度繞環。

【主要作用】：

發展腿部柔韌性。

● 側向交叉步跑 1 例

側向交叉步跑時，左腿高抬大腿，帶動同側髖關節做最大限度的扭轉。從體前左側邁一大步，第二步是左腿向左側橫跨一步，邁第三步時同樣帶動同側髖做最大限度的向後扭轉，然後從體側向左側交叉邁一大步，正反交替進行。手臂配合腰髖前後自然擺動。（圖 2-37）

圖 2-37

【主要作用】：

①提高抬腿送髖的難度。

②發展腰髖的靈活性。

③培養上下肢協調能力，發展動作速率。

● 跑跳步 3 例

（1）向前跑時腳在地上踮兩次，同時另一腿稍高抬，兩臂配合做上下振臂或擴胸運動。

（2）跑跳步要領同上，兩臂在體前後擊掌。

（3）跑跳步要領同上，兩臂向擺腿的異側擺動，做轉體運動。

【主要作用】：

①發展靈活、協調能力。

②發展踝關節的蹬伸幅度和力量。

2.4 基礎技術訓練的主要練習手段

跑的技術包括起跑、加速跑、途中跑和終點跑。由於短跑的距離很短，所以，跑的各種技術對成績的影響都非常重要。而中長跑因距離很長，相對來說途中跑技術對成績有著決定作用，因此，下面的內容著重告訴你哪些練習可以提高你的途中跑技術。

2.4.1 途中跑的專門練習

（1）原地擺臂

兩前臂在體側平行前後擺動，強調平衡擺動。前後擺動的幅度要大，速度要快。

【主要作用】：

①擺臂技術好壞直接影響到跑的技術。

②擺臂不僅可以維持身體平衡，還有助於加大步幅和加快步頻。

（2）小步跑

做小步跑時，要求前後擺臂，幅度從小到大，節奏從慢到快。擺腿時膝向前，擺到半高抬腿的程度。練習原地擺臂技術應與小步跑結合起來。小步跑時大擺臂不僅發展全身協調能力，還可發展速率。

【主要作用】：

①體會足前掌著地。

②體會踝關節放鬆和交替用力。

③改善肩臂放鬆及擺臂技術。

④體會髖、膝、踝關節放鬆技術及擺腿技術。

（3）高抬腿跑

先從小步跑開始，逐漸加大擺腿幅度，然後過渡到高抬腿跑。學會高抬腿跑後逐漸加大向前擺動的幅度及跑速。由於加大了向前的擺幅和速度，軀幹適度扭轉使髖向前，增大步長，增加兩大腿的夾角。著地腿的膝關節可稍彎曲接近平跑技術。

【主要作用】：

①發展高抬大腿及上下肢協調配合的能力。

②提高腰髖肌群的力量和腿部力量。

③提高踝關節的力量及緩衝技巧。

④低支撐的高抬腿跑可發展髖、膝、踝關節的柔韌性及力量。

（4）後蹬跑

後蹬要迅速，當大小腿接近蹬直時，立即放鬆，不能在蹬伸後保持僵直，這樣做多了會影響擺腿的速度。（圖 2-38）

【主要作用】：

體會積極著地技術與後蹬、前擺、送髖技術；發展腿部力量，掌握膝、踝關節的緩衝技巧；提高後蹬能力，加大步長。

圖 2-38

（5）折疊腿跑

折疊是為了快速擺動，折疊及時、充分是擺好腿的基礎；折疊跑是小步跑的開始階段，可以單獨練習，也可與其他專門練習結合起來運用。（圖 2-39）

【主要作用】：

①體會折疊擺腿技術。

②發展膝關節的靈活性。

③發展大腿後群肌的力量。

圖 2-39

（6）小車輪跑

先從小步跑過渡到折疊跑，然後逐漸加大擺腿幅度，折疊動作要充分；膝關節必須充分放鬆，小腿才能隨慣性擺出，著地前踝關節也必須放鬆。

【主要作用】：

①體會擺腿的著地技術和足著地技術。

②發展膝關節的靈活性，改善腰髖肌肉力量及腿部力量。

（7）大車輪跑

在小車輪跑和高抬腿跑的基礎上，加大擺抬大腿的幅度。如擺腿幅度過大，上體可能稍有後仰，屬正常現象，可以用於糾正上體過分前傾的錯誤。這個練習是全身用力，強度較大，對於一些基本技術不穩定、比較緊張的運動員不宜多做。如果要做，動作幅度應逐漸加大，而且距離不宜過長，以免動作變形。

【主要作用】：

①發展高抬大腿的能力及腰髖肌群的力量。

②發展小腿積極扒地的能力。

（8）前傾高抬腿跑

動作與高抬腿跑一樣，但跑的時候上體前傾較大。

【主要作用】：

發展腰背力量和提高頻率。

途中跑專門練習的要求：

（1）快速

專門練習的節奏是加速的，切忌用不快不慢的勻速練習，應逐步提高節奏。

（2）向前

擺臂、擺腿、後蹬技術都要對重心向前效果有利。

（3）大幅度

練習時要突出的某一部分動作，逐漸增加動作幅度和難度。

（4）放鬆

做任何一個專門練習都要體現放鬆，在放鬆中體會局部技術要領，掌握局部技術。

（5）動作平穩過渡

專門練習與平跑練習交替進行時，中間有一過渡階段，在過渡階段中既要表現出專門的特點，又要有平跑的特點。因此，專門練習要與平跑練習交替進行，各個專門練習要交替進行，用各種不同速度交替進行。

2.4.2 途中跑的基本技術練習

途中跑的重要特點是動作放鬆。放鬆並不意味慢跑。

你可能很難理解怎麼樣才能做到放鬆，沒關係，只要你經常做些放鬆跑的練習，並在跑的過程中用心去想「放鬆」「放鬆」，你就會理解什麼是放鬆，這需要很長的時間才能做到。下面就是幾種放鬆跑的練習。

（1）放鬆彈性跑

站立式起跑40～60公尺。中速起動，匀速跑。

【要求】：

動作放鬆，足前掌著地，富有彈性，步幅不宜過大。

【主要作用】：

①體會身體放鬆技術。

②體會踝關節的緩衝技術。

（2）放鬆彈性大步跑

站立式起跑60～80公尺。中速起動，匀速跑。

【要求】：

動作放鬆，足前掌著地，富有彈性。隨著速度增加逐漸加大步幅。

【主要作用】：

①體會身體放鬆技術。

②體會踝關節的緩衝技術。

③隨著步幅的增加，逐漸提高後蹬和擺腿的力量。

（3）放鬆彈性大步加速跑

站立式起跑60～80公尺。中速起動，勻加速跑。

【要求】：

動作放鬆，足前掌著地，富有彈性。不能突然加速，勻加速的距離隨著加速能力的提高，由長逐步縮短。每次加速後，達到較高水準時，立即轉入慣性跑，不要急停。後一段隨著慣性緩慢減速。

【主要作用】：

①體會身體放鬆技術。

②體會踝關節的緩衝技術。

③隨著速度的逐漸加快，逐漸提高步長，逐漸提高蹬地的力量和擺腿的幅度。

（4）向前擺臂擺腿直線跑

站立式起跑60～80公尺。

【要求】：

中勻速跑或加速跑。肩放鬆，肘關節夾緊，兩臂前後平行擺動。隨著跑速的提高，逐漸增加擺動幅度和擺動速度。擺腿以膝領先向正前方擺出，足掌著地要正，兩足落在一條直線上。

【主要作用】：

①完善蹬擺動作的向前性，增加技術實效性。

②體會擺臂擺腿、腳著地技術。

2.4.3 蹲踞式起跑和起跑後加速跑技術的基本練習

起跑和起跑後的加速跑對短跑成績的提高至關重要。常言道：「有了好的開頭，才能有好的結果。」所以一定要重視這方面的練習。

你可以選擇以下幾種練習：

（1）俯臥撐（用手指撐地）

用手指尖撐地，手指要伸直，食指及小拇指均勻分開，使力量分散在五指上。手臂伸直與肩同寬，做俯臥撐，提高手指的力量。

【主要作用】：

練習預備時的手臂支撐動作，增強手指力量。

（2）俯臥撐交換抬腿

成俯臥撐姿勢，抬腿時臀部要稍抬起，抬腿時足尖要勾起，大腿盡量向前接近胸部。先從單腿做，然後兩腿交換做，還可聽節拍抬腿。

【主要作用】：

① 發展腰髖柔韌性和力量。

② 提高蹲踞式起跑前幾步的抬腿能力。

（3）低支撐高抬腿

手扶肋木做。一般由高往低做，逐步加大難度。抬腿時足尖要勾起，向前抬腿時大小腿盡量夾緊。

【主要作用】：

① 發展腰髖的柔韌性和力量。

② 提高抬腿的能力，發展腰部力量，提高起跑前幾步的力量和技術。

（4）低支撐的站立式起跑

預備姿勢上體前傾，兩腿前後站立。前腿使用起跑器，膝關節彎曲接近 90°，兩臂放鬆，前後腿相距一肩寬；起動時與前腿同側的臂先向前擺動，帶動異側腿積極向前邁出第一步。邁第一步時足不能高抬，要緊貼地面向前擺出；隨著邁出第一步的同時，前腳掌緊貼起跑器並用力蹬伸。邁好第一步是後面幾步跑的關鍵。

【主要作用】：

① 學習前腿蹬離起跑器的技術及用力順序。

②掌握邁第一步技術和蹬離起跑器技術。

③學習起跑後 3～5 步的節奏。

(5)站立式起跑 10～30 公尺

首先注意蹬離起跑器的技術，迅速擺脫靜止狀態。注意每一步的連貫，積極增加每一步的蹬擺力量及幅度，使步長迅速達到途中跑的要求。

【主要作用】：

①提高起跑後的加速跑能力。

②發展蹬離起跑器的爆發力，提高疾跑段加速的能力。

途中跑的基本技術練習的要求：

在我們掌握了一般素質訓練方法和基本技術訓練方法以後，就可以利用這些方法進行系統的訓練了。但是在訓練中如何安排這些方法非常重要。每一堂訓練課多大的運動負荷效果最好？每一個階段用多大負荷才算合理？這些都會影響成績提高的幅度。

舉一例說明：新學期開始，你參加了短跑訓練。訓練課的主要內容是中速跑 6 個 100 公尺。跑每一個 100 公尺都有嚴格的時間規定，每一個 100 公尺之間休息 5 分鐘。完成訓練後，感到很疲勞。經過一段訓練後，同樣的訓練內容和要求，你可能很輕鬆地就能完成，說明你的運動水準提高了。如果以後的訓練內容仍然是同樣的訓練內容和要求，那會怎樣呢？你的運動成績將停滯不前。所以，必須加大運動負荷，或加快跑的速度，或減短休息時間，或既加快速度，又減短休息時間。這樣你又有些不適應，堅持下去，漸漸地又能感到能夠較輕鬆地完成訓練內容。如此循環往復，你的運動水準也隨著增長。

但是，在實際訓練當中要比舉的例子複雜得多。下面三個術語大家必須弄清楚。

負荷負：是指練習的時間、次數、組數、距離等。如分兩組，每組4個50公尺，共跑8個50公尺。

負荷強度：是指練習的難度、質量等。如用最快速度的80%跑100公尺。用80%的勁兒跑。

負荷密度：是指練習的時間占整個一節訓練課時間的比例。例如，60分鐘的訓練課，有30分鐘在訓練，它的負荷密度就是50%。運動負荷是上述三個術語的總稱。

合理地安排運動負荷是指在訓練中，根據任務、你現在的水準，逐步地、有節奏地加大運動負荷，直至最大負荷。在實際訓練中合理地安排運動負荷有一定的困難，總的要求是負荷量大，負荷強度就應該小，反之，負荷強度大，負荷量就應該小。在下一次訓練時不感到疲勞即可。大家可以在訓練中逐漸摸索。

2.5 比賽技巧

你在平時的訓練中跑得很快，但是，在比賽中不一定就能跑出好成績。因為比賽和訓練畢竟是兩回事。所以，還應該學會怎樣比賽。

2.5.1 賽前訓練的內容和安排

經過半年或更長的訓練後就要參加比賽了，為了能夠在比賽中檢驗訓練效果並取得好成績，賽前訓練的內容和安排非常重要。對於我們這一年齡階段的運動員，賽前訓練的時間不必過長，一般有幾個星期即可。

賽前安排訓練的原則是運動負荷量應逐漸減小，而負荷強度應逐週加大，使你漸漸達到良好的競技狀態。隨著比賽的臨近，模擬訓練的比重逐漸加大。模擬訓練應包括比賽條件的模擬和比賽過程的模擬。例如，你準備參加 100 公尺比賽，大強度的 100 公尺跑應該增加。就好比發動機的組裝和調試，通過賽前訓練表現出來。同時在思想上為參加比賽做好準備。

賽前準備階段之後，為調整階段。這一階段一個星期左右即可。主要任務是在前一階段大負荷訓練之後進行充分的恢復。此階段的運動量急劇減小，但強度達到最高值。之後充分休息，在比賽前兩三天，做些簡單練習，憋足勁，精神煥發，充滿信心地參加比賽。

2.5.2　賽前生活安排

比賽猶如打仗，在大戰前應做好充分的準備。一要保證充足的營養，就像戰士戰前要準備充足的彈藥一樣，在飲食中要保證有足夠的糖、脂肪、蛋白質、維生素及微量營養素，該吃些什麼，你可以請教老師或爸爸媽媽。二要保證充足的休息，起居有規律，每天至少要保證 8～9 個小時的睡眠。可適當參加一些娛樂性的活動，放鬆緊張情緒，但不能打亂生活規律。

2.5.3　賽前準備工作

賽前需要做很多準備工作。首先，做好自我準備，如服裝尺寸是否合適、釘鞋是否合腳；仔細看看比賽秩序冊，哪一天、什麼時間、參加什麼項目的比賽等。如果有條件還應該了解其他運動員的情況，做到心中有數。另外，還應該到比賽現場熟悉場地，像參加比賽那樣進行適當的訓練。做好這些準備工作對你創造好成績非常有利。

2.5.4　比賽中的一些簡單戰術

有的運動員對田徑比賽的戰術認識不足，認為只要拼足了勁用力跑就可以了，其實在兩個運動水準差不多的選手比賽時，往往是運用戰術來戰勝對手的。像短跑比賽，如果賽次較多，在第一輪比賽中只要跑進前幾名能夠參加下一賽次就行。如果用盡全力比賽，即使進入下一賽次，由於體力消耗過大，得不到充分恢復，就有可能在以後的比賽中失利。中長跑比賽的戰術比短跑還要複雜些，戰術有領先跑戰術、跟隨跑戰術、勻速跑戰術、變速跑戰術等。如果你是中長跑運動員，根據你自身的特點，看看下面哪一種戰術適合你。

領先跑戰術：運動員出發後或在跑了一定距離以後，占據領先位置，並盡力保持較高速度直至首先到達終點的一種戰術跑法。速度稍差而耐力較好的運動員常採用這種方法。目的在於用自己較好的速度耐力拖垮對手。

跟隨跑戰術：運動員出發後，始終跟在領先者後面，力爭在最後衝刺階段奮力超越對手，率先跑過終點。這種戰術通常為速度較好耐力較差的運動員採用。

勻速跑戰術：在途中跑中基本上保持較高的速度跑。勻速跑的時間一般按賽前制定的計劃跑，不論賽場出現什麼情況，都堅持按計劃勻速跑，以達到規定的時間，如有能力在最後超出。

變速跑戰術：在跑的過程中速度常有較大的變化，或加速或減速。一般是領先者為了甩掉對手所採用的方法，以便拖垮對手，消耗對手的體力。但用這種跑法需要運動員有較強大的實力作基礎，否則會使自己遭到失敗。

2.6 可能出現的傷病及治療

大家必須意識到，在訓練和比賽中往往會出現傷病情況。因此，認識到潛在的事故隱患是非常重要的。我們首先要想辦法預防受傷。如果一旦發生傷害事故，也要能夠迅速、正確地做出初步的醫療處理，防止傷病進一步加重。

2.6.1 常見的傷病種類和引起傷病的主要原因

內部受傷：跟腱勞損、骨膜炎、肌肉拉傷、軟組織損傷等。

外部創傷：骨折、皮膚擦傷等。

引起傷病的主要原因是訓練方法不得當、過度疲勞、做危險的動作，或運動員之間在訓練中不小心互相衝撞造成的。當然，在練習中你也應注意場地不平和所用器材不牢固也可能造成受傷。

2.6.2 傷病的預防措施

為了防止發生傷害事故，應該做到以下幾點：

（1）由準備活動進行預防

透過做準備活動使身體各個部位活動開，特別是那些將要運動的部位，同時你會發現，你的體溫也升高了，這樣就不容易出現事故。而且，做好準備活動還能夠使你精神煥發地投入訓練。

（2）由提高技能進行預防

有些傷害事故是因為你的技能不夠好才發生的。所以，技能訓練不僅僅是提高成績的途徑，同時也是預防受傷事故的手段。另外，在比賽和訓練中的放鬆能力也很重要，這樣才能自如地做出所需要的動作。緊張會破壞技術動作完成的質量，大大增加出現受傷事故的可能性。

（3）由加強身體素質進行預防

掌握了良好的技能不能完全保證你安然無恙，因為在你所進行的活動中，如果超過自身身體素質所能承受的範圍時，就有受傷的危險。加強身體素質可減少受傷的危險。

（4）由充足營養進行預防

大家知道，補充充足的營養可以在訓練課後幫助運動員加快恢復過程，從而起到預防損傷的作用。如果得不到充足的營養，在下一次訓練時就會感到很疲憊，在疲憊的情況下訓練，很容易發生傷害事故。

（5）由改善外界環境進行預防

許多受傷事故是由於運動員粗心大意造成的。如運動員被放在跑道旁的器械或其他物品絆倒扭傷踝關節，或被摔得鼻青臉腫。所以，在訓練中應高度重視環境的安全問題。這些環境問題包括設施器材是否有損壞，使用是否得當，場地是否平整。另外，運動員的服裝、使用的釘鞋也要充分考慮安全、合適。

（6）由治療進行預防

運動員的舊傷有復發甚至進一步加重的可能。所以在有可能的情況下，必須對運動員損傷部位進行治療。如對受傷關節只採用保護帶固定的方法雖然很有幫助，但絕不能取代受傷關節的治療和康復。

2.6.3 受傷的緊急處理和治療

在訓練或比賽中，受傷的部位、性質和程度是不同的。較輕的損傷，如不慎摔倒或其他原因造成的皮膚擦傷做簡單處理即可，對訓練不會有太大影響。如果傷勢嚴重，應立即請醫生或迅速送到醫院治療。

常見的損傷是軟組織損傷，它包括肌肉、肌腱、韌帶等的損傷。常見的軟組織損傷形式有碰傷、刺傷、擦傷以及扭傷和拉傷。譬如，在你跑步時，不小心把腳扭了，感到很疼痛，很可能是韌帶受傷了；在做動作時用力過猛，很可能會把大腿的肌肉拉傷。

對輕度組織損傷的緊急處理可採用以下步驟：

休息——讓受傷部位保持靜止狀態。

冷處理——用冷水沖受傷的部位，或把冰塊直接、間接地放在受傷的皮膚上。

加壓——用消毒繃帶或直接用手對受傷部位加壓。

抬高——將受傷部位置於高於心臟的位置，如腿部受傷的運動員仰臥，用支撐物把受傷腿托起。

如果是比較嚴重的受傷，例如，骨折或肌肉拉斷，應立即送往醫院進行治療，或儘快和醫生取得聯繫，按照醫生的囑咐進行處理，千萬不要自作主張。

2.6.4　受傷期間的治療和恢復訓練

受傷的運動員主要以休息和醫院治療為主。恢復和治療的時間因損傷的部位和程度不同，其時間長短也有不同。

在重返運動場之前，運動員必須要完全恢復，以防再次受傷。但是，在這個期間教練員應制定恢復性訓練計劃，幫助運動員能夠儘快恢復正常訓練。

首先運動員可做些力所能及的練習，適當活動損傷部位。隨著傷情的好轉，應做些伸展練習，接著可做些力量練習及跑的練習。但這些練習以不疼痛為限。當完全恢復後，就可進行正式的訓練和比賽。

2.7 影響成績提升的因素

經過長時間系統的訓練和比賽，你的成績仍不見長，肯定是在訓練中存在某些問題。是什麼問題呢？看看是否有以下的原因。

2.7.1 專項技術因素

即使你有良好的身體素質作基礎，由於沒有掌握合理的技術，你的跑速就不能提高。我們經常看到有些運動員使盡渾身力量就是跑不快，原因就在於此。

2.7.2 心理因素

大家都有這樣的印象，越是臨近比賽，越是大賽，心裡越緊張。一想起比賽就能感到心在怦怦跳，無法控制。適度的心理緊張是必要的，但過分緊張將會給比賽帶來麻煩。

消除這種過分的緊張狀態，可以由經常參加比賽來解決。經常參加比賽，有了比賽經驗就不害怕了。

另一方面可以由心理訓練來解決，這是一種非常好的方法。例如，針對比賽中可能出現的情況或問題進行模擬實戰的反覆練習，想像你現在的訓練就是即將來臨的比賽，想像你的同伴就是你的對手，在假想的比賽中找到可能會出現的問題，怎麼解決；透過「默念」使全身心放鬆，用「鎮靜」「放鬆」等語言進行提示，在反覆的默念之後，你會發現放鬆感迅速傳遍全身；保證充分的睡眠，轉移注意力，把注意力轉移到其他事情上去，使心理獲得放鬆。

2.7.3 綜合因素

經過長期系統的訓練，你的成績穩步提高，這令你非常高興，並充滿信心繼續努力。但是，如果你的成績提高幅度不大，甚至停滯不前，千萬別灰心，也許在其他方面存在問題，必須了解是什麼原因。

影響成績提高的因素很多。可能是你的身體條件不好，也可能是訓練的內容、方法、手段不適合，也可能是自身努力不夠，或者是客觀條件，如場地、器材、氣候的影響。要知道，不是每天跑跑跳跳就能提高成績的，訓練是一門科學。人與人之間有著不同程度的差異。如果你今天感到不舒服，情緒低落，訓練計劃未能完成，影響了訓練效果；明天因為訓練不當，造成損傷，致使長期不能正規訓練，打亂了原有的計劃，也影響了你成績的提高。

還有，採用的方法、負荷的安排是否合理，需要長期的摸索。訓練是有規律可循的，你必須找到它。至於因為身體條件差，就認為自己不是跑快的材料，就放棄了，這可就不好了。

2.8 自我評估方法

下面的幾張表格中，列出了在中級階段運動水準的評定指標。

評定時，根據你的年齡，在相應的表格中找出每個項目的得分。8個項目的得分相加再除以8，就可以知道你的運動水準在哪一個等級了。

表 2-1　男子短跑 13 歲組綜合評定標準

100公尺	跳遠	推鉛球	1500公尺	60公尺	300公尺	立定三級跳遠	後拋鉛球	得分
12.0	5.00	11.00	5：00	7.6	42.0	8.20	13.00	100
12.1	4.75	10.50	5：05	7.8	43.0	8.00	12.50	95
12.2	4.50	10.00	5：10	7.9	44.0	7.80	12.00	90
12.3	4.25	9.50	5：20	8.0	45.0	7.60	11.50	85
12.4	4.00	9.00	5：30	8.1	46.0	7.40	11.00	80
12.5	3.75	8.50	5：40	8.2	47.0	7.20	10.00	75
12.6	3.50	8.00	5：55	8.3	48.0	7.00	9.00	70
12.8	3.25	7.50	6：10	8.4	49.0	6.80	8.00	65
13.0	3.00	7.00	6：15	8.6	50.0	6.60	7.00	60

表 2-2　男子短跑 14 歲組綜合評定標準

100公尺	跳遠	推鉛球	1500公尺	60公尺	300公尺	立定三級跳遠	後拋鉛球	得分
11.6	6.20	12.00	4：40	7.4	41.0	8.60	5.00	100
11.7	6.00	11.50	4：45	7.6	42.0	8.40	4.75	95
11.8	5.90	11.00	4：50	7.7	43.0	8.30	4.50	90
11.9	5.80	10.50	5：00	7.8	44.0	8.20	4.25	85
12.0	5.60	10.00	5：10	7.9	45.0	8.10	4.00	80
12.1	5.40	9.50	5：20	8.0	46.0	8.00	3.75	75
12.2	5.20	9.00	5：35	8.1	47.0	7.90	3.50	70
12.4	5.00	8.50	5：50	8.2	48.0	7.80	3.25	65
12.6	4.80	8.00	6：05	8.4	49.0	7.60	3.00	60

表 2-3　女子短跑 13 歲組綜合評定標準

100公尺	跳遠	推鉛球	800公尺	60公尺	300公尺	立定三級跳遠	後拋鉛球	得分
12.0	5.00	8.50	2：40	8.0	45.0	7.20	9.00	100
12.9	4.90	8.00	2：45	8.1	46.0	7.00	8.60	95
13.0	4.80	7.50	2：50	8.2	47.0	6.80	8.30	90
13.1	4.60	7.00	2：55	8.4	48.0	6.60	8.00	85
13.2	4.40	6.50	3：00	8.6	49.0	6.40	7.50	80
13.3	4.20	6.00	3：05	8.8	50.0	6.20	7.00	75
13.4	4.00	5.50	3：10	9.0	51.0	6.00	6.70	70
13.6	3.80	5.00	3：15	9.2	52.0	5.80	6.40	65
13.8	3.60	4.50	3：20	9.4	53.0	5.60	6.00	60

表 2-4　女子短跑 14 歲組綜合評定標準

100公尺	跳遠	推鉛球	800公尺	60公尺	300公尺	立定三級跳遠	後拋鉛球	得分
12.6	5.20	9.00	2：30	7.8	44.0	7.40	10.00	100
12.7	5.00	8.50	2：35	7.9	45.0	7.20	9.60	95
12.8	4.90	8.00	2：40	8.0	46.0	7.00	9.30	90
12.9	4.80	7.50	2：45	8.1	47.0	6.80	9.00	85
13.0	4.60	7.00	2：50	8.2	48.0	6.60	8.50	80
13.1	4.40	6.50	2：55	8.4	49.0	6.40	8.00	75
13.2	4.20	6.00	3：00	8.6	50.0	6.20	7.70	70
13.4	4.00	5.50	3：08	8.8	51.0	6.00	7.40	65
13.6	3.80	5.00	3：16	9.0	52.0	5.80	7.00	60

註：鉛球重量為 4 千克

表 2-5 男子中長跑 13 歲組綜合評定標準

100公尺	跳遠	推鉛球	1500公尺	30公尺	600公尺	立定三級跳遠	後拋鉛球	得分
12.4	6.00	11.00	4：30	4.2	1：40	7.50	10.50	100
12.5	5.90	10.50	4：35	4.3	1：42	7.30	10.00	95
12.6	5.80	10.00	4：40	4.4	1：44	7.10	9.50	90
12.7	5.60	9.50	4：45	4.5	1：46	6.90	9.00	85
12.8	5.40	9.00	4：50	4.6	1：48	6.70	8.50	80
13.0	5.20	8.50	4：55	4.7	1：50	6.50	7.50	75
13.2	5.00	8.00	5：00	4.8	1：52	6.30	6.50	70
13.4	4.80	7.50	5：10	4.9	1：54	6.10	5.50	65
13.6	4.60	7.00	5：20	5.0	1：58	5.80	4.50	60

表 2-6 男子中長跑 14 歲組綜合評定標準

100公尺	跳遠	推鉛球	1500公尺	30公尺	600公尺	立定三級跳遠	後拋鉛球	得分
12.2	6.20	12.00	4：20	4.1	1：34	8.00	11.00	100
12.3	6.00	11.50	4：25	4.2	1：36	7.80	10.50	95
12.4	5.90	11.00	4：30	4.3	1：38	7.60	10.00	90
12.5	5.80	10.50	4：35	4.4	1：40	7.40	9.50	85
12.6	5.60	10.00	4：40	4.5	1：42	7.20	9.00	80
12.8	5.40	9.50	4：45	4.6	1：44	7.00	8.00	75
13.0	5.20	9.00	4：50	4.7	1：46	6.90	7.00	70
13.2	5.00	8.50	5：00	4.8	1：48	6.80	6.00	65
13.4	4.80	8.00	5：10	4.9	1：52	6.70	5.00	60

表 2-7　女子中長跑 13 歲組綜合評定標準

100公尺	跳遠	推鉛球	800公尺	30公尺	600公尺	立定三級跳遠	後抛鉛球	得分
13.0	5.00	8.50	2：24	4.4	1：38	6.60	9.00	100
13.1	4.90	8.00	2：26	4.5	1：40	6.40	8.50	95
13.2	4.80	7.50	2：28	4.6	1：42	6.20	8.00	90
13.3	4.60	7.00	2：30	4.7	1：44	6.00	7.50	85
13.5	4.40	6.50	2：32	4.8	1：46	5.80	7.00	80
13.7	4.20	6.00	2：34	4.9	1：48	5.60	6.50	75
13.9	4.00	5.50	2：36	5.0	1：50	5.30	6.00	70
14.1	3.80	5.00	2：38	5.1	1：54	5.00	5.00	65
14.3	3.60	4.50	2：42	5.2	1：58	4.70	4.00	60

表 2-8　女子中長跑 14 歲組綜合評定標準

100公尺	跳遠	推鉛球	800公尺	30公尺	600公尺	立定三級跳遠	後抛鉛球	得分
12.8	5.20	9.00	2：20	4.3	1：34	7.00	9.50	100
12.9	5.00	8.50	2：22	4.4	1：36	6.80	9.00	95
13.0	4.90	8.00	2：24	4.5	1：38	6.60	8.50	90
13.2	4.80	7.50	2：26	4.6	1：40	6.40	8.00	85
13.4	4.60	7.00	2：28	4.7	1：42	6.10	7.50	80
13.6	4.40	6.50	2：30	4.8	1：44	5.80	7.00	75
13.8	4.20	6.00	2：32	4.9	1：46	5.50	6.50	70
14.0	4.00	5.50	2：34	5.0	1：50	5.20	5.50	65
14.2	3.80	5.00	2：38	5.1	1：54	4.90	4.50	60

註：鉛球重量為 4 千克

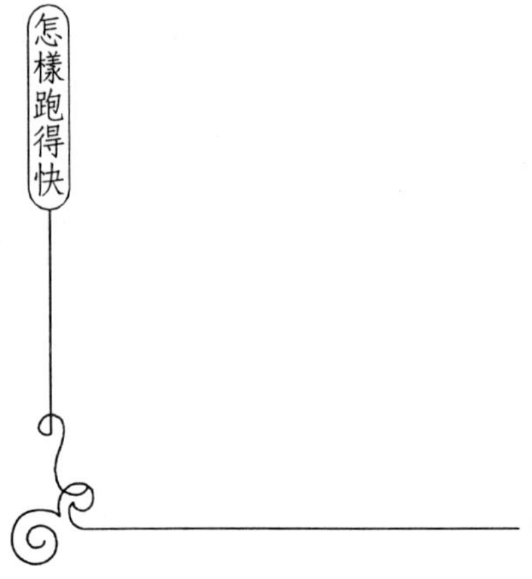

如果你想跑得快

——給 15～17 歲的青少年朋友

（高級階段）

3.1 怎樣才能成爲出色的短跑運動員

通過初級和中級階段的訓練，也許你對短距離跑這個項目已經有了濃厚的興趣，夢想自己能夠成為一名優秀的短跑運動員，在運動場上像獵豹一樣飛速奔跑。要實現自己的夢想，不僅要靠你的天賦，更重要的是由科學系統的短跑訓練，全面發展你的專項身體素質，改進你的短跑專項技術，提高你的短跑運動成績，成為出色的短跑運動員。

3.1.1 短跑需要發展哪些身體素質

短跑訓練實質上就是如何將你的跑速提高的過程。也就是說，根據短跑速度快、距離短的特點來選擇一些練習方法，發展你的速度、力量、耐力、靈敏和柔韌等身體素質，改進你跑的技術，從而使你跑得更快。

透過幾年的全面訓練，會為你打下較為雄厚的機能、素質、技能的基礎，使你具有承擔大負荷訓練的能力，而大負荷訓練是實現你短跑成績飛躍的必經之路。

3.1.2 短跑身體素質訓練的內容

短跑的身體素質訓練目的，是針對短跑專項的要求，發展你身體的各個器官和系統的機能。主要包括短跑的力量、速度、速度耐力、柔韌性和靈活性等訓練。

（1）速度素質訓練

短跑就是比誰的速度快，這就要求你在短跑比賽中做到：聽到槍響後反應速度快；起動後加速快；快跑中，抬腿、擺臂和最高速度快。因此，根據短跑比賽的速度要求，我們可以把速度訓練分為：反應速度訓練（使你起跑更快）、加速度訓練（使你在最短時間內達到自己最高速度）、最高速度訓練（使你跑的速度更快）、動作速度訓練（使你抬腿、擺臂的速度更快）。

速度素質訓練應該注意些什麼呢？

①反應速度、動作速度與頻率發展的最快時期是在8～14歲，在這個時期應特別重視反應速度與動作速度的培養和發展，否則，到了青年時期很難再有大幅度提高。

②速度訓練的效果好壞，在很大程度上取決於你對速度練習距離的選擇、練習次數，以及恢復時間上的控制。發展速度的最佳距離可選擇在30～60公尺之間，恢復時間必須保證你在快速完成動作能力得到恢復後才能重複下一個練習。一次速度訓練課中練習數量應在5～10次之間。

③在速度練習過程中，應經常改變練習的手段、難度和節奏，防止自己感到訓練枯燥，過早出現速度的提高停滯不前。

那麼，速度素質訓練的方式有哪些呢？

發展反應速度、動作速度的主要方式：

①坐姿或站姿快速擺臂（徒手或持物）×50次×4～6組。

②原地或支撐以最快頻率做高抬腿跑×5～10秒×4～6組。

③各種反應性遊戲和球類活動

④站立式或蹲踞式聽信號起跑練習×5～6次×2組。

發展加速度、最高速度的主要方式：

①20～80公尺的加速度跑×6～8次。

②30～60公尺站立式或蹲踞式聽信號起跑練習×5～6次。

③30～60公尺的行進間跑×4～8次。

④50～80公尺上下坡跑×6～8次。

⑤不同距離的接力遊戲和比賽。

（2）速度耐力訓練

所有短跑項目的成績均要受到速度耐力水準的影響，即使在100公尺比賽，世界最優秀的運動員也不可能自始至終保持最高速度。速度耐力訓練就是儘可能讓你保持長時間的最高速度，和盡量減少最高速度下降的幅度。速度耐力對200公尺和400公尺運動員是極為重要的。

速度耐力訓練應該注意些什麼呢？

對15歲以前的你來說，訓練中速度耐力的發展不應作為一個任務提出，因為過早發展速度耐力會影響你心血管系統的健康發育，從而會阻礙今後速度耐力水準的提高，因此，嚴格禁止採用大強度的長段落跑。但現在的你已經15歲了，可以逐漸採用這種方法了。

發展速度耐力的主要方法有哪些呢？

①150公尺反覆跑×3～4×2組（要求：每次練習間休息3～5分鐘，組間休息10分鐘）。

②250～300公尺×3～5次（要求：每次練習間休息5～10分鐘）。

③500～600公尺×2～4次（要求：每次練習間休息8～12分鐘）。

④（60 公尺＋110 公尺＋250 公尺＋110 公尺＋60 公尺）×2 組或（100 公尺＋300 公尺＋500 公尺＋300 公尺＋100 公尺）×2 組的組合跑（要求：每次練習間休息 3～5 分鐘，組間休息 10 分鐘）。

（3）一般耐力訓練

從短跑的比賽活動來看，有氧耐力訓練不直接影響短跑成績，但有氧耐力訓練可以增大你的吸氧量，改善你的心血管和呼吸的功能，是你承受大運動量的基礎。它對增進你的健康發育有更重要的作用。

一般耐力訓練應該注意些什麼呢？

一般耐力訓練方法的選擇應以運動員能獲得最大吸氧量的持續活動為標準，也就是說，你的持續活動強度用你的每分鐘脈搏次數來衡量。最高脈搏次數在每分鐘 150 次左右為好。練習時間不少於 30 分鐘。

發展一般耐力的主要方法有哪些呢？

①長時間各種遊戲和球類活動。

②3～5 千公尺的變速越野跑。

③5～8 千公尺的勻速越野跑。

（4）力量素質訓練

在快跑的過程中，你身體的肌肉要連續快速有力地收縮幾十次甚至上百次。要想成為一名優秀的短跑運動員就必須具有強壯的肌肉力量。透過發展你的最大力量會使你起跑、加速跑速度得到提高，透過發展你的爆發力（彈跳力）會使你的最快速度得到提高。如果你想把你的最快速度一直保持到終點，那麼，你應該去發展你的力量耐力。

合理的短跑力量訓練會使你變得強壯，不合理的短跑力量訓練會使你變得像狗熊一樣笨重，所以，在短跑力量訓練中，必須處理好肌肉負荷、動作速度、重複次數和休息間隔之間的訓練關係。

力量素質訓練應該注意些什麼呢？

①練習中，應該先發展速度力量，後發展最大力量。也就是說，在 15 歲以前應將全身一般性力量和快速力量優先發展。最大力量練習應少安排，特別是超體重的大力量練習應嚴格控制，這是因為，正處於此年齡階段的你，肌肉發育落後於骨骼的發育，此時進行大力量練習，極易造成傷害事故。15 歲以後就可以逐步增加大力量的練習量了。

②在安排力量練習時，應在注意發展下肢力量的同時，注意發展上肢力量，發展腿部前肌群力量，同時注意腿部後肌群的力量。

力量素質訓練的方法有哪些呢？

發展最大力量的主要方法有：

要求：負荷重以最大重量的 70%～95%為宜，每次練習重複次數為1～6次，組數多。

①大重量的槓鈴抓舉練習×2～8次×4～6組

②大重量的槓鈴挺舉練習×2～8次×4～6組

③大重量的槓鈴高翻練習×2～8次×4～6組

④大重量的槓鈴深蹲練習×2～8次×4～6組

⑤大重量的槓鈴半蹲練習×2～8次×4～6組

發展爆發力的主要方法有：

①立定跳遠、立定三級跳遠、立定十級跳遠×6～10次。

②20～60公尺的快速單足跳×4～6次。

③跳欄架5～10個×8～12次。

④5～10級快速蛙跳×8～10次。

⑤大腿後肌群練習。

發展力量耐力的主要方法有：

①100～200公尺跨步跳×3～5次。

②60～80公尺高抬腿×4～6次。

③高抬腿上坡跑60～80公尺×5×2～3組。

④負重5～6千克150～250公尺跑×3～4次。

（5）柔韌素質訓練

在訓練中，你往往會發現一些個子高、力量好的同學比個子矮、力量差的同學步子小，速度慢。這是為什麼呢？這主要是因為這些同學身體的柔韌靈活性較差，限制了他們跑的動作幅度，使他們的肌肉力量沒有發揮出來。合理發展身體的柔韌靈活性有助於你的力量和速度的提高，防止你在訓練中受傷。

柔韌素質訓練應該注意些什麼呢？

做柔韌性練習應以節奏的放鬆和緊張拉伸為主，練習部位以肩、腰、大小腿前後肌群為主，柔韌性練習基本可每日做，可放在早操或訓練課的開始與結束時進行。

發展柔韌靈活素質的方法有哪些呢？

①各種兩臂同時繞環練習。

②仰臥墊上成背橋的練習。

③各種踢腿、擺腿練習。

④肋木上的各種壓腿。

⑤各種髖、膝、踝關節旋轉練習。

3.1.3　怎樣進行短跑的技術訓練

正確的短跑技術能有效地發揮你的身體素質的能力，節省你在快跑中能量的消耗，從而創造優異的短跑成績，而只有合理的技術，才能將你良好的身體素質最大限度地表現出來。

短跑技術訓練應該注意些什麼呢？

①在開始訓練時，你應該廣泛學習和掌握多項運動技能，以提高動作協調性。掌握的技能越多，越全面，

就越容易掌握和建立完善的短跑專項技術。

②在學習技術的過程中，應多觀看優秀運動員的技術圖片、電影、錄影帶，以及教練員的正確示範動作，從小建立正確的短跑技術概念。

③在學習短跑技術中，應以基本技術、分解技術為主，並先學相近的簡易技術。如先學習站立式起跑和加速跑技術，在一定的時候，再學蹲踞式起跑。在短跑學習中，應特別重視腳著地的支撐方式、蹬和擺的協調配合、擺臂的方向等基本動作，反覆練習，直至建立正確自然的技術形態。如果這些基本動作在學習過程中形成了錯誤的動作定型，不但影響今後完整技術的學習和掌握，而且難以糾正。

④在大多數情況下，技術訓練與身體訓練是不能完全分開的，也就是要在提高身體素質的過程中學習技術，在學習技術的過程中發展身體素質。

⑤短跑技術，主要透過專門的身體訓練方法來提高。例如，高抬腿跑練習是一種跑的專門練習，由這種練習來鞏固和提高短跑蹬擺配合技術。

⑥短跑技術的提高主要是指運動員根據自己的個人特點，確立適合個人的合理短跑技術，例如，有的運動員步幅大、步頻快，就應針對個人的特點，在保持一定頻率的基礎上充分發揮步長優勢的技術。同時，運動員要針對不同的干擾因素進行技術訓練，以保證完成技術

動作的穩定性。

技術訓練的方法有那些呢？

①各種跑的專門練習（如小步跑、高抬腿跑、後蹬跑等）。

②各種方式的起跑練習。

③不同距離的放鬆跑和加速跑。

④不同距離的上下坡加速跑。

⑤不同距離的彎道跑。

⑥不同距離的跑格練習。

3.1.4　現代優秀短跑運動員的技術特點及發展趨勢

（1）觀看近年來世界優秀短跑運動員的技術圖片和錄影帶，你可以清楚地看到，他們在比賽中雙臂擺動時屈肘的幅度、前後擺動的方向、腿蹬地後的自然折疊和主動積極的前擺高度，以及軀幹與地面保持的角度，均幾乎趨於一致。這說明當代短跑技術更加重視短跑技術的規範化和合理性，注意整體協調配合，跑的動作連貫、自然、放鬆、協調、頻率高、幅度大、身體重心平穩，技術更加效率化和節省化。

（2）從當今短跑項目的起跑姿勢來看，和以前的姿勢基本上沒有改變。但是，世界優秀短跑運動員的起跑反應時間呈逐漸縮短趨勢，均在 0.140 秒以內，這說明，起跑反應時間的快慢，對短跑運動員獲得優異成績和取得比賽勝利有著至關重要的作用。

（3）當今世界優秀短跑運動員，更加重視以髖為軸的擺動技術。強調擺動的效果、擺蹬配合協調，注意縮短支撐和騰空時間。

（4）更加重視延長加速度持續時間和距離，全程節奏合理；更加重視高速跑的放鬆技術，經濟又高效率地使用能量。世界優秀短跑運動員加速距離為 60～70 公尺。

（5）從世界優秀運動員參加世界大賽的有關統計資料中，我們還可以看出，儘管每位運動員的身材和形態並不相同，但他們都能取得突出成績。如世界短跑冠軍劉易斯和克里斯蒂，兩人的身高在短跑運動員中都屬大個子，按理說，跑步的頻率是不可能比矮個運動員高，但恰恰相反，他們不僅步幅較大，而且步頻也較高。說明他們能充分利用自身身體素質與靈活性、協調性好的特點去同時提高步頻和步幅。可見，當代世界超級短跑運動員不僅技術規範合理，而且個人特點十分突出。

3.1.5 訓練水準的評估方法

要想知道你現在的運動水準，那就馬上查閱下面的表吧！

表 3–1　男子 100 公尺訓練水準的綜合素質評估表

項目水準	60 公尺（秒）	300 公尺（秒）	800 公尺（分／秒）	立定三級跳（公尺）	後拋鉛球（公尺）
11.5～11.7	7.1～7.3	39.0～40.0	4:45～5:00	8.50～8.70	12.00～13.80
11.8～12.0	7.3～7.5	40.0～41.0	5:00～5:15	8.20～8.60	11.50～13.00
12.1～12.3	7.5～7.7	41.0～42.0	5:10～5:20	8.00～8.30	11.0～12.0
12.4～12.8	7.7～8.0	42.0～45.0	5:15～5:30	7.50～8.00	10.5～11.5

表 3–2　女子 100 公尺訓練水準的綜合素質評估表

項目水準	60 公尺（秒）	300 公尺（秒）	800 公尺（分／秒）	立定三級跳（公尺）	後拋鉛球（公尺）
12.4～12.6	7.5～7.6	43.0～44.0	2:20～2:25	7.40～7.8	11.00～12.00
12.7～12.9	7.7～7.8	44.0～45.0	2:30～2:35	7.20～7.00	10.50～11.00
13.0～13.2	8.0～8.2	45.0～46.0	2:40～2:50	6.80～7.00	10.0～10.50
13.3～13.5	8.2～8.4	47.0～48.0	2:50～3:00	6.40～6.70	8.50～9.50
13.6～14.2	8.4～8.8	48.0～51.0	3:10～3:30	6.00～6.20	7.00～8.00

3.2　告訴你進一步提高中長跑成績的方法

當經過一段時間的長跑訓練後，你的水準一定提高了不少。現在你也許是初中或高中三年級的學生了，為了報考高中或大學，正在為進一步提高你的中長跑水準而刻苦訓練。無論如何，當你已經具備一定水準之後，要想更上一層樓，你必須經過科學系統的訓練，才能提高你的專項成績。你也許會問，我怎樣練？練些什麼？那就先看一看下面的圖吧！

圖 3-1 各項身體素質的關係

怎麼樣？看過圖之後你是否認為耐力是提高中長跑水準的主要素質呢？

3.2.1　中長跑的項目特點

人們根據中長跑運動時間較長的特點，把它稱為耐力項目。因此，耐力對中長跑來說顯得尤為重要。要想提高你的中長跑運動水準，練習內容和方式必須和運動項目的特點相吻合，也就是練習的技巧和方法必須適合中長跑項目的特點。以下練習技巧將會幫助你提高長跑耐力。

3.2.2　怎樣練耐力

耐力分一般耐力和專項耐力。

如果我們在操場上看誰跑得時間長、距離遠，那就是他的一般耐力好。如果你想提高一般耐力，可以照下面的方法練習：

運動時間 1 小時左右、心跳在 140 次左右的放鬆跑。

跑的過程中感覺輕鬆，不要氣喘吁吁，兩腿泛酸。你可在公路、草地、操場或鄉間小道上練習，也可在早晨起床以後用這種方式跑 8～12 千公尺。

如果你參加比賽，跑的距離長，而你的速度又最快，那說明你的專項耐力好。你想當運動員，就必須提高你的專項耐力，練習方法可以選擇以下任何一種：

①200 公尺跑　12 組

②300 公尺跑　10 組

③400 公尺跑　 8 組

④500 公尺＋400 公尺＋300 公尺＋200 公尺＋100 公尺跑　3～4 組

⑤200 公尺跑　 2 組

在練習時，以你 85%的勁兒完成。

間歇時間：①～③練習要 1.5～2.5 分鐘；④⑤練習要以基本完全恢復為準。

3.2.3　絕對速度和專項速度

當你全力跑時所能達到的最高速度，就是你的絕對速度。

絕對速度是專項速度的基礎，專項速度是絕對速度在具體項目中的平均分配。

短跑運動員主要發展絕對速度，而中長跑運動員主要發展長時間保持較高速度的能力，我們稱之為速度耐力。

怎樣練絕對速度和專項速度呢？

練絕對速度的方法：

30 公尺跑　3 組

60 公尺跑　3 組

100 公尺跑　4～6 組

（練習強度為 90%～95%）

練速度耐力的方法：

100 公尺跑　15 組

200 公尺跑　12 組

300 公尺跑　12 組

（250 公尺+150 公尺+100 公尺）跑　4 組

一般間歇時間為 1.5～3.5 分鐘

運動強度中等偏上，約 80%～85%之間。

3.2.4　絕對力量和力量耐力

我們知道，舉重運動員的勁兒最大，人們稱他們是大力士。如果舉重運動員最多能舉起 100 千克的槓鈴，那他的絕對力量是 100 千克。而我們在觀看中長跑比賽時，常常說「那位運動員的腿沒勁兒了，跑不動了」，實際上這是他的力量耐力不夠造成的。現在你應該明白什麼是絕對力量和力量耐力了吧。

（1）怎樣發展絕對力量

絕對力量也叫最大力量，要想提高你的絕對力量，一般透過最大重量的負重練習。安排如圖 3-2。

你在練習中，第一個練習做 5 次，間歇 1.5 分鐘，再增加重量，這時你應做 4 次，依此類推。

練習力量的方法：

① 負重半蹲起

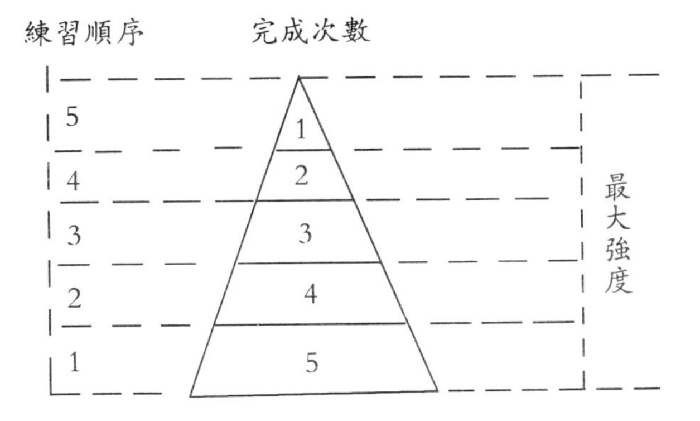

圖 3-2　提高絕對力量的練習安排

圖 3-3　負重半蹲起動作圖

腰背挺直，下蹲至大小腿夾角 90°～100°，下蹲時較慢，蹲起時稍快。主要練腿部肌肉力量。

② 負重全蹲起

腰背挺直，下蹲至大小腿接近。由於全蹲時肌肉充分拉長，所以蹲起時，速度較慢。主要練腿部肌肉力量。

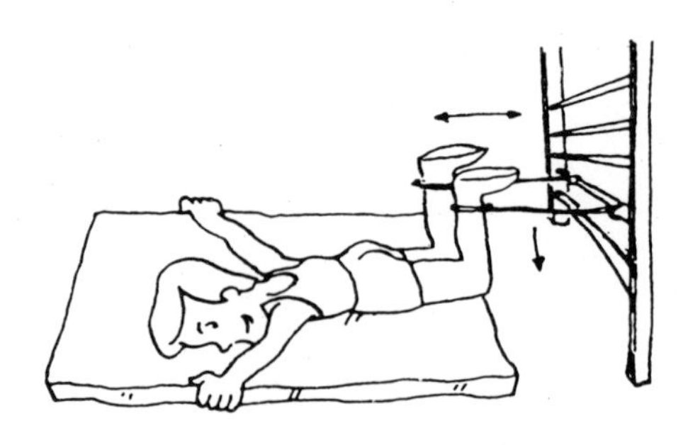

圖 3–4　俯臥牽拉小腿動作圖

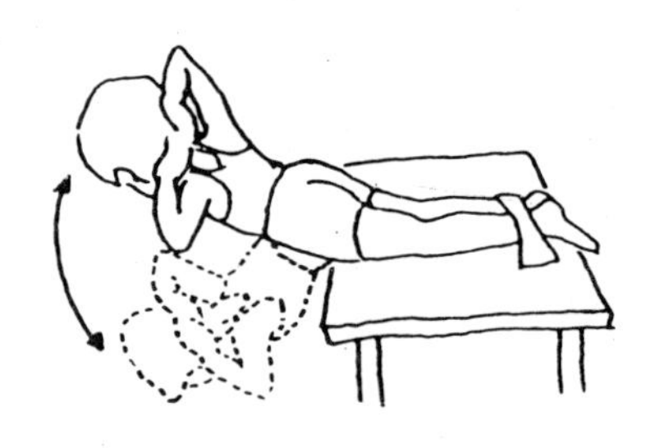

圖 3–5　俯臥抬上體動作圖

③俯臥牽拉小腿

俯臥在墊子上，橡皮條的一頭固定（如肋木），另一頭套在腳踝處反覆屈伸牽拉小腿。主要練腿部肌肉力量。

④仰臥起坐

主要練腰背肌的力量。

⑤俯臥抬上體

主要練腰背肌的力量。

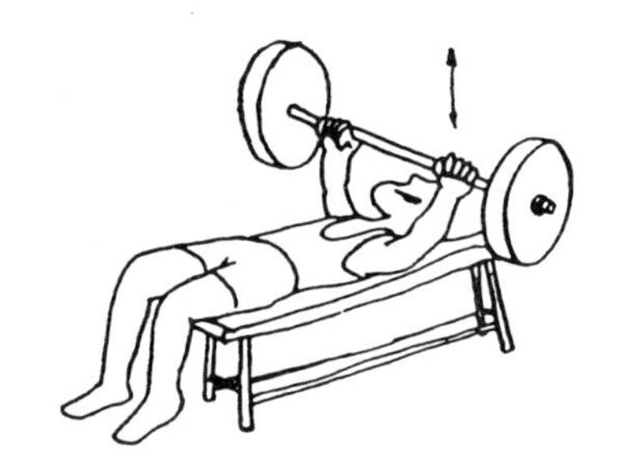

圖 3–6　臥推動作圖

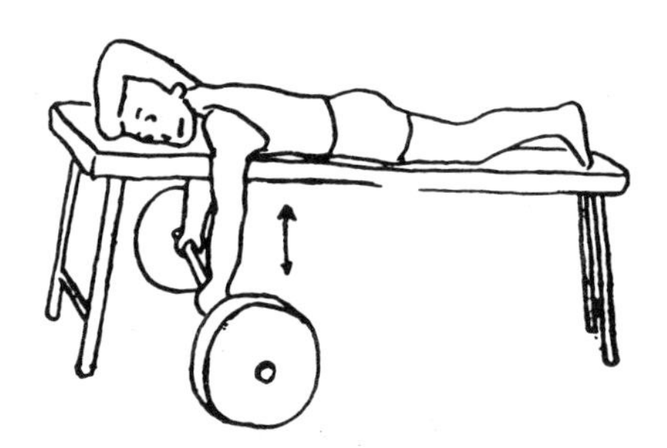

圖 3–7　俯臥臂拉伸動作圖

⑥臥推

這是練上肢肌肉的主要練習方式。

⑦俯臥臂立伸

這是練上肢肌肉的主要練習方式。

（2）怎樣發展力量耐力

發展力量耐力的方法和技巧，可以用上面介紹的練最大力量的方法。但你要注意練習的安排是不一樣的。

每次練習做 10～12 個，重複 6～10 組，練習間歇 1.5 分鐘。

你所負的重量以你最大重量的 70%以下為宜，水準越高的運動員，重複的組數越多。

許多人對發展力量素質有一種誤解。學生們常說「我今天去做力量了」，意思是說我去做槓鈴練習了。實際上，蹲槓鈴是一種抗阻力練習，是發展力量的一種方式。除此之外，還有不少方式可以發展力量耐力。譬如，你沒有槓鈴，還可以在平地上做 100～200 公尺的跨步跳，就是兩腿交換向前跳，但途中不要停下，練習的組數可根據你的體力，一般做 2～5 組。

小腿力量練習：

你要想力量練習更完美，不要忽視小肌群的練習。

中長跑運動員要想跑得快又持久，還要進行下列練習，以增強你的小腿力量：

①平地或沙坑裡做連續雙足跳。

②單腳連續跳 100～200 次，可做 2～4 組。

大腿力量練習：

①台階跳（台階高度 25～30 公分），做 30～40 次。也可負較輕重量的槓鈴進行練習（10～15 千克）。

② 級跳練習（如立定跳遠、立定三級跳遠、立定十級跳遠等，練習 7～10 組，間歇 1 分鐘左右）。

③ 後蹬跑 200 公尺，3 組，間歇 3～4 分鐘。

3.2.5 怎樣提高你的柔韌性和靈活性

發展靈活性可採用各種球類活動，或一些技能性較強的體操動作。

練習柔韌性一般採用牽拉性練習。

值得注意的是，做柔韌性練習時要充分做好準備活動，牽拉的動作由慢到快，牽拉的幅度由小到大。

一般採用的方法：以關節為中心做各種角度的牽拉。

（1）上臂和肩關節柔韌性練習

①兩臂體後交叉牽拉練習，每臂 10 秒（圖 3-8-①）。

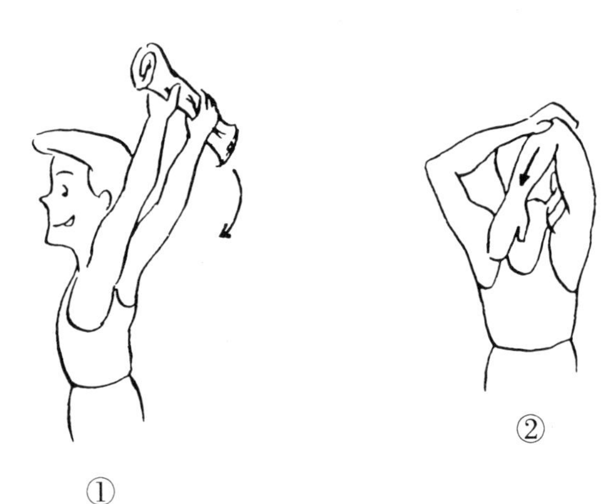

圖 3-8　上臂和肩關節柔韌性練習

圖 3-9　腰和股後肌群牽拉練習

②兩手握棍或繩，直臂前後繞環 5 次（圖 3-8-②）。

（2）腰和股後肌群牽拉練習

①仰臥挺髖，收腹 2 次，每次 5 秒（圖 3-9-①）。
②仰臥側屈腿，每側 20 秒（圖 3-9-②）。
③仰臥伸展 2 次，每次 5 秒（圖 3-9-③）。

①

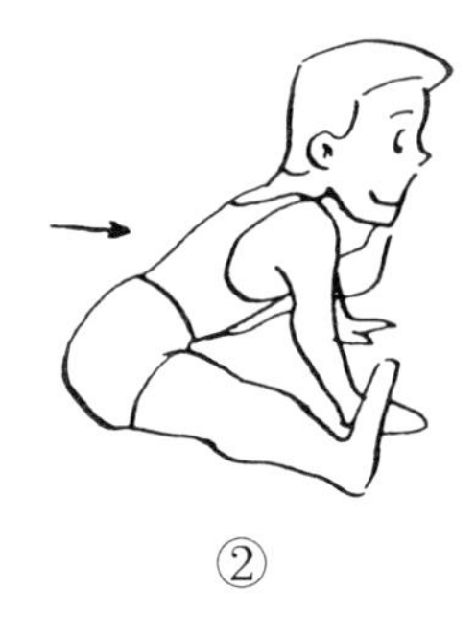
②

圖 3–10　髖關節柔韌性練習

④仰臥抬膝，每腿 20 次（圖 3–9–④）。
⑤交叉坐轉體，每側 10 秒（圖 3–9–⑤）。

（3）髖關節柔韌性練習

①屈膝分腿坐 30 秒（圖 3–10–①）。
②直膝分腿坐 30 秒（圖 3–10–②）。

（4）大腿肌肉和韌帶柔韌性練習

①橫劈叉。
②弓步壓腿。
③站立牽拉股四頭肌，每腿 20 秒（圖 3–11–①）。
④側臥牽拉股四頭肌（圖 3–11–②）。
⑤跪撐後倒體（圖 3–11–③）。

圖 3-11　大腿肌肉和韌帶柔韌性練習

3.2.6　怎樣跑才算技術好

在比賽時，我們經常聽到對運動員的評價：某某運動員技術不錯，某某運動員技術不好，等等。那他們以什麼樣的標準對運動員的技術進行判斷呢？他們至少對這一項目的基本技術有一定的了解，並與比賽場上運動員的技術進行比較，然後進行判斷。到底什麼技術是好的呢？

從動作實質上說，是能發揮運動員最大潛能的技術，或者說是消耗能量少、產生效益大的技術。從技術外形看，姿勢漂亮，跑的動作輕鬆又富有彈性。

下面，我們由對世界優秀中長跑運動員奧伊塔的技術分析，進一步告訴你，怎樣跑才算技術好。

中長跑的技術包括起跑、起跑後的加速跑、途中跑和終點衝刺跑四個部分。

我們平時說的技術是針對途中跑而言的。項目和距離不同，跑的技術也有所差異，一般說來，距離越長步幅越小，前擺和後蹬的用力程度也較小。

從 3-12 圖中我們可以看到，奧伊塔途中跑的技術動作是：

（1）上體姿勢

上體保持正直或稍前傾姿勢，頭部自然，面部和頸部肌肉放鬆，前擺送髖，腰微向前挺。

（2）腿部動作

跑動中大小腿自然折疊，以大腿帶動小腿積極向前擺動。腳著地以前腳掌為支點，踝、膝、髖經短暫緩衝，並隨慣性迅速前移，快速進入蹬伸階段。

（3）腳落地動作

腳落地動作是前腳掌外側先落地，有些運動員是前腳掌先落地。一些超長距離跑如馬拉松，是腳跟先落地然後滾動到前腳掌，總之，這種滾動動作是富有彈性

圖 3-12　奧伊塔途中跑技術圖

的。

（4）擺臂動作

擺臂時要求肩部放鬆，以肩為軸，前後擺動。兩手自然放鬆或半握拳。前擺稍向內，後擺稍向外。擺動幅度取決於跑的速度，中跑的幅度較大，長跑的幅度較小。

在這裡，再重複提一提中長跑的呼吸方法。

中長跑運動員要求呼吸節奏和跑的節奏協調配合，一般是兩步一吸兩步一呼，也有三步一呼吸的。在第一呼吸中，要著重積極呼氣，呼吸時要用嘴和鼻子同時呼吸。因為，即使嘴和鼻子同時呼吸所交換的氣量，也不能滿足身體在比賽時的需要。中長跑無論在起跑或是衝刺時都不應閉氣，而且比賽一開始就應加強呼吸。

3.2.7　怎樣評估你的運動水準

(1) 運動水準評估

經過刻苦訓練之後，你很想了解自己的運動水準，那就馬上根據自己的專項查下面的表吧。

如果你是 800 公尺選手就查表 3-3、表 3-4，如果你是 1500 公尺選手就查表 3-5、表 3-6。

如果你達到一級水準，肯定能在大賽上取得名次。

如果你達到二三級水準，那報考體育大學是很有希望的。

如果你已達到五級水準，說明你已經是中長跑運動員了。

如果你未達到五級水準，那可能是你練習的時間不

表 3－3　男子 800 公尺訓練水準的綜合素質評估表

項目／所達運動水準	100 公尺（秒）	600 公尺（分：秒）	1500 公尺（分：秒）	5000 公尺（分：秒）	立定十級跳（公尺）	負重半蹲（公斤）2～4 次	臥推（公斤）2～4 次
1:50.0～1:55.0	11.0～11.5	1:20.0～1:25.0	3:55.0～4:05.0	15:30.0～15:50.0	27.00～30.00	150～170	60～80
1:55.0～2:00.0	11.3～11.9	1:22.0～1:28.0	4:00.0～4:10.0	15:40.0～16:20.0	26.50～28.00	150～160	55～75
2:00.0～2:05.0	11.6～12.2	1:27.0～1:37.0	4:08.0～4:18.0	16:00.0～16:10.0	25.50～27.00	140～155	50～70
2:06.0～2:12.0	11.9～12.4	1:29.0～1:35.0	4:12.0～4:25.0	16:30.0～17:10.0	25.50～26.50	140～150	50～60
2:12.0～2:20.0	12.1～12.7	1:32.0～1:41.0	4:20.0～4:35.0	16:50.0～17:30.0	25.00～26.00	140～150	45～55

表 3－4　女子 800 公尺訓練水準的綜合素質評估表

項目／所達運動水準	100 公尺（秒）	600 公尺（分：秒）	1500 公尺（分：秒）	3000 公尺（分：秒）	立定十級跳（公尺）	負重半蹲（公斤）2～4 次	臥推（公斤）2～4 次
2:08～2:10	12.5～12.7	1:29.0～1:32.0	4:38.0～4:43.0	9:50.0～ 9:55.0	24.50～25.00	110～120	35～40
2:11～2:14	12.6～12.9	1:31.0～1:35.0	4:40.0～4:45.0	9:55.0～10:05.0	24.00～25.00	110～120	35～40
2:15～2:18	12.9～13.2	1:33.0～1:38.0	4:43.0～4:48.0	10:10.0～10:15.0	24.00～25.00	110～120	30～40
2:19～2:24	13.1～13.3	1:35.0～1:40.0	4:45.0～4:53.0	10:20.0～10:30.0	24.00～25.00	100～110	30～40
2:25～2:30	13.2～13.5	1:36.0～1:41.0	4:50.0～4:55.0	10:25.0～10:35.0	23.00～25.00	100～110	30～40

表 3－5　男子 1500 公尺訓練水準的綜合素質評估表

項目 / 所達運動水準	100 公尺（秒）	600 公尺（分：秒）	800 公尺（分：秒）	5000 公尺（分：秒）	立定十級跳（公尺）	負重半蹲（公斤）2～4次	臥推（公斤）2～4次
3:49～3:55	11.0～11.6	1:20.0～1:26.0	1:52.0～1:55.0	14:05.0～15:00.0	26.00～29.00	155～170	60～75
3:55～4:00	11.4～12.0	1:23.0～1:28.0	1:55.0～1:57.0	15:20.0～15:40.0	25.50～28.00	150～160	55～70
4:00～4:10	11.6～12.3	1:25.0～1:29.0	1:56.0～1:58.0	15:45.0～16:05.0	25.00～27.00	145～155	55～65
4:10～4:20	11.8～12.5	1:28.0～1:31.0	1:58.0～2:08.0	16:05.0～16:30.0	25.00～27.00	140～155	50～60
4:20～4:30	12.0～12.6	1:30.0～1:35.0	2:08.0～2:15.0	16:35.0～17:00.0	25.00～26.00	135～150	45～50

表 3－6　女子 1500 公尺訓練水準的綜合素質評估表

項目 / 所達運動水準	100 公尺（秒）	600 公尺（分：秒）	800 公尺（分：秒）	3000 公尺（分：秒）	立定十級跳（公尺）	負重半蹲（公斤）2～4次	臥推（公斤）2～4次
4:25～4:30	12.7～13.0	1:33.0～1:36.0	2:10.0～2:16.0	9:45.0～9:50.0	24.00～25.00	100～110	35～40
4:30～4:35	12.8～13.1	1:35.0～1:39.0	2:15.0～2:20.0	9:48.0～9:55.0	24.00～25.00	100～110	35～40
4:35～4:40	13.0～13.3	1:38.0～1:41.0	2:18.0～2:24.0	10:05.0～10:20.0	23.50～24.00	90～100	35～40
4:40～4:45	13.3～13.5	1:40.0～1:46.0	2:20.0～2:25.0	10:15.0～10:35.0	23.00～24.00	90～100	30～40
4:45～4:55	13.5～13.8	1:43.0～1:48.0	2:22.0～2:26.0	10:40.0～10:55.0	23.00～24.00	90～100	30～35

長，或你練習的方法還有問題。這時你就應該請教專家了，請他們分析一下今後你應該怎樣練習中長跑。你還可以再仔細看看本書前面的內容，再仔細查看一下評估表，把你素質較低的指標趕上去。

（2）對技術的評估

要想評估自己的技術，最首要的是你必須對跑的技術有正確的理解。只有認識到什麼樣的技術是正確的，什麼樣的技術是錯誤的，你才能發現自己存在的問題。

運動員的技術總是和運動水準相適應的，水準不同的運動員之間雖然在步頻、步幅及速度上存在差別，但正確技術的動作要求是一致的。

由於人與人之間在身體形態及先天生理方面存在較大差異，以及每個運動員採用不同的訓練方法，這就會形成自己特有的技術風格。你的技術如何？應該清楚地了解自己。

①頭、頸

在跑的過程中，頭（實際是臉部）、頸都要放鬆，兩眼平視前方。在訓練時體會一下，是否存在晃頭動作。

②軀幹

在跑的過程中，應保持正直，或稍前傾，並保持穩定，不能左右扭轉。

③上肢

在跑的過程中，上肢擺臂作用極為重要，上肢和下肢協同作用，以保證軀幹的穩定和整個身體的平衡。

因此，你必須認識到，擺臂時，肩要放鬆，並屈肘前後擺動，前擺時稍有內傾也可以，如果肩過於緊張，或左右交叉擺臂，造成軀幹扭轉，就會耗費你更多的「燃料」。

④下肢

下肢動作的正確與否將對你的運動水準產生極大影響。

短跑運動員由於速度較快，要求全程跑的技術銜接流暢，節奏感好。主要技術環節是前腳掌著地，扒地快，且富有彈性。中長跑運動員也必須根據自身特點決定跑的方法。譬如你先天的力量素質稍差，那麼，你就必須採用步幅小、步頻快的技術。如果力量、速度素質較好，可採用步幅較大的技術。

3.3 如何贏得比賽

3.3.1 什麼是競技狀態

如果賽前你身體各方面的狀況都很好，我們就可以說你的賽前狀態好，對專業運動員來說就是賽前競技狀態良好。

比賽前的競技狀態良好主要取決於賽前的心理準備。正如美國著名田徑運動員劉易斯曾經談到的，平時主要是身體上的準備，比賽前 90%是心理上的準備。

3.3.2 賽前心理上應做好哪些準備

賽前心理準備的主要內容是增強自己的心理穩定性和必勝的信念。首先明確比賽的任務，建立一個合適的目標。賽前要過多考慮比賽的勝敗，應想自己要像平時訓練那樣把自己的成績發揮出來。

當你看到許多運動員和觀眾在注視著自己，往往會心裡緊張，缺乏自信心，如果你不去正確調整就會不戰自敗。這時你要鼓勵自己敢於競爭，就能戰勝所有對手，使自己有必勝的信心。

3.3.3 怎樣知道自己在比賽前心理狀況不佳

心理狀況不佳就是賽前心理反應異常，不利於在比賽中創造優異成績。

如果你在賽前有下列表現，就應該做積極的調整：

（1）過分激動狀態

這種情況常見於運動員參加重要比賽時，是由於訓練水準低、比賽經驗差造成的。有些激動型的運動員也容易表現出過分激動狀態。

當你處於這種狀態時，常表現出情緒緊張、心跳加快、呼吸短促、四肢顫抖、尿頻等。過分激動狀態會影響你運動水準的發揮。

（2）淡漠狀態

賽前淡漠狀態的表現為心境不佳、情緒低落、缺乏信心、處理問題不果斷、周身無力、提不起精神等，不想參加比賽。

產生賽前淡漠狀態的原因：

一是生理原因，多數是由於賽前訓練過度引起的。

二是心理原因，如動機消極、恐懼感，對比賽結果和不利條件想得太多，對自己的技術、戰術缺乏信心，缺乏頑強的戰鬥意志，不敢面對對手進行拼搏。

（3）盲目自信狀態

運動員處於該狀態時，雖然在意識裡有獲得勝利的願望，但心理準備不足，或者神經系統的興奮程度不夠。這種盲目自信對發揮自身水準也是不利的。

3.3.4 比賽前什麼樣的感覺最好

在比賽前出現良好的心理反應，對比賽中創造好成績有幫助。

良好的心理反應，在賽前表現為賽前適宜的準備狀態。這時的神經興奮性處於與運動項目比賽時相適宜的程度。運動員表現出精神飽滿、對比賽躍躍欲試、注意力集中在即將來臨的比賽上。這種狀態的形成是在訓練期間有目的地培養起來的。

3.3.5 賽前心理調整方法

為了避免在賽前出現不良的心理狀態，克服心理緊張和恐慌情緒，爭取獲得良性賽前心理狀態，可採用以下幾種方法：

（1）肌肉放鬆法

在你賽前較為緊張時，有意識地控制某些肌肉群放鬆，可以得到調節情緒的效果，譬如當你表情緊張時，必然表現在面部肌肉的緊張上，這時，你只要有意識地強迫自己微笑，就可以使面部肌肉放鬆，並給你帶來情緒上的愉快。

或者看看別人的笑臉，借助別人的情緒來影響自己，也能得到調節情緒的作用。

你可以利用適當的方法來獲得隨意調節肌肉緊張和放鬆的能力。基本的原則是使各種不同的肌肉群輪流地緊張和放鬆，或在一部分肌肉緊張的同時，放鬆另一部分肌肉。

（2）呼吸調整法

你也許看過不少運動員在賽前總愛做幾次深呼吸，然後投入比賽。因為人的情緒狀態可以透過不同節奏的呼吸進行調節。在輕微活動的同時，進行深呼吸，使吸氣時肌肉的緊張和呼氣時肌肉的放鬆結合起來，來穩定波動的情緒。

（3）自我暗示法

自我暗示的意思就是自己對自己進行適當提示，來調整心理狀態，這種方法在臨場比賽時比較有效。

自我暗示時，暗示的詞語應是肯定意義的，如暗示自己「我非常鎮定」「我現在狀態很好」「我的身體放鬆而且有力量」「我肯定能在這次比賽上取得好成績」等。

一定要避免用否定的暗示語，如「不要緊張嘛」「幹嗎要驚慌呢」等，由於這些提示有「緊張」「驚慌」等的詞語，往往得不到調節緊張情緒的作用。

（4）有意識地改變和調節所關注的事物

運動員產生緊張情緒，往往是把注意力集中在對自己不利的事物上。如老想著對手的強大，因而害怕。出現這種情況，你就應該有意識地轉移自己的注意力，轉移到增強信心的事物上，如想想以前自己的成功經歷，與別人談比賽之外的事，甚至聽聽音樂等，來消除自己的緊張情緒。

3.4　如何在日常生活中進行自我管理

3.4.1　你的訓練要有目標，生活應有條不紊

如果你因為看世界杯足球賽一夜沒休息好，那麼，第二天你就會感到很難提起精神去做任何事情，更談不上有力氣參加訓練。很顯然，正常且有規律的起居和飲食，對保障你科學、系統地訓練，提高運動成績是非常重要的。如何在日常生活中進行自我管理？

第一、自己應建立一個訓練目標。主要包括專項成績、各項身體素質達到什麼水準，以及在各級運動會爭取獲得什麼名次。

第二、建立每天的作息時間和訓練時間表，如表3-7。但必須保證你學習和訓練不衝突，每天應保證8～9小時的睡眠時間。

意志品質對你的自我管理起關鍵作用，當你有了目標之後，就應為實現你的目標不懈地努力，用堅強的意志品質約束自己，嚴格執行作息制度，保證你的訓練正常進行。

表 3-7 訓練作息時間表

時間	內容	備註
早晨 5：30	起床	
5：40～6：40	訓練	週六、週日除外
7：00	早餐	
上午 8：00～12：00	學習	
下午 2：00～4：30	學習	
4：30～6：30	訓練	
7：00	晚餐	
9：30	休息	

3.4.2 怎樣安排訓練、賽前和比賽期間的飲食

飲食能夠為我們提供能量以滿足日常生活、工作的需要。對運動員或體育愛好者來說，飲食也是訓練、比賽的保證，運動員各種營養的需要量遠比一般人高。

（1）訓練過程中的飲食安排

①多吃碳水化合物含量高的食物（米、各種水果、糖）。

②吃足夠的蛋白質（肉類、蛋、海鮮等）。

③吃大量的含纖維的食物（各種蔬菜、雜糧等）。

④少吃含脂肪多的食物（各種油類、肥肉）。

⑤適當補充維生素和礦物質。

⑥多喝水。

（2）賽前和比賽期間的飲食安排

①賽前10天左右，一般屬於減運動量的調整期，這時訓練強度大而量小，身體需求的能量相對較小，你不應該特別去加營養，以防體重增加，影響比賽成績。

②在參加中長跑賽時，賽前一週應適當增加糖量。

③比賽時，不要空腹參加比賽，應在賽前2～3小時吃最後一餐，但應吃體積小、含高能、易消化、合胃口的食物。

④在長跑訓練和比賽前20～30分鐘內可吃些糖，防止低血糖的發生。

⑤在長跑比賽中，由於水和鹽流失較多，比賽途中應利用飲料進行補充，原則上是少量多飲。

3.4.3 如何準備訓練和比賽的著裝

（1）訓練比賽時的著裝以感到舒適為準，特別是在跑時不能感到有摩擦和影響上下肢運動的感覺。建議天暖和時，穿運動短褲和緊身褲進行訓練比賽。

（2）釘鞋是你訓練比賽必備的器材，選擇時應要求：鞋面要柔軟，底不能太硬，鞋要輕，比平時鞋要稍小一點；在煤渣跑道上訓練比賽時，鞋釘應換成長釘，在塑膠跑道時，應換成短釘。

3.5 跨欄跑介紹

3.5.1 跨欄比賽的起源

公元 17～18 世紀時的英國畜牧業十分發達，羊圈毗連，牧羊人經常跳越羊圈，相互追逐嬉戲，在節日裡舉行跳跨羊圈的比賽，看誰跳得快，跳得多。以後又發展成把柵欄埋在平地上，進行跳越柵欄比賽。由於柵欄是固定的，在跳越時有發生嚴重事故的可能，人們就不斷地改進柵欄，直到 1935 年國際田徑聯合會決定使用「L」式欄架進行正式比賽，並且規定了欄的高度、距離和數量，並將跳越欄架變成跨欄。

現在，我們就把這種在快速奔跑中，連續跨過規定數量和高度的「L」形欄架的短距離跑比賽項目，叫做跨欄跑。

3.5.2 跨欄跑項目

跨欄跑比賽項目有：

男子 110 公尺欄、400 公尺欄。

女子 100 公尺欄、400 公尺欄。

在各項跨欄比賽中，都要求運動員跨越 10 個欄架。但各項跨欄跑的欄的高度、距離是有所不同的。

表 3-8　各項跨欄跑欄的有關數據　　　單位：公尺

項目	欄高	兩個欄的距離	起跑至第一欄距離	最後一欄至終點距離
男 110 公尺欄	1.067	9.14	13.72	14.02
女 100 公尺欄	0.84	8.5	13	10.5
男 400 公尺欄	0.914	35	45	40
女 400 公尺欄	0.762	35	45	40

3.5.3　跨欄跑技術

如果你想在跨欄跑這個項目取得較好成績，就必須要有較高的平跑速度，而且有較好的跨越欄架技術，以及跑跨動作結合的能力。你的跨欄跑技術的好壞，可用跨欄跑與平跑的成績的差值來評論，即用你某項跨欄成績減去你沒有欄架平跑這個項目的成績，得差值越小，說明你的跨欄技術越好。

根據跨欄跑各項目的特點，跨欄跑技術可分為在直道上跨欄技術和在彎道上跨欄技術。在學習跨欄跑之前，你首先應該懂得什麼是跨欄的擺動腿和起跨腿，這對你學習和理解跨欄跑技術有很大意義。

習慣上，在過欄時，先跨過欄架的腿叫做跨欄的擺動腿，踏上起跨點在擺動腿後過欄的腿叫做起跨腿。

（1）直道欄技術

按技術階段我們可將跨欄技術劃分為：起跑至第一欄技術、跨欄步技術、欄間跑技術和全程跑技術。

①起跑至第一欄技術

跨欄跑的起跑至第一欄的主要任務是，儘快地發揮自己的速度跨過第一欄，為全程跑的良好節奏奠定基礎。根據田徑規則規定，跨欄跑起跑必須採用蹲踞式起跑。跨欄跑的起跑器安裝方法和起跑動作基本是相同的。由於從起跑到第一欄的距離是固定的，所以，從起跑到第一欄所跑的步數應是固定的。

大多數運動員起跑到第一欄都是跑 8 步。跑 8 步起跑時應將起跨腿放在前起跑器上，如果你身體較矮，步長較小，在起跑到第一欄也可改為 9 步。這時，你應該把擺動腿放在前起跑器上。適宜的起跑至第一欄技術應符合以下兩點要求：

起跑後積極後蹬和用力擺臂，上體積極抬起。大約在第 6 步時基本達到短跑途中跑姿勢，身體保持較高重心；

起跑後的步長要穩定準確地增加，準確地踏上起跨點，一般起跑第 2 步以後，每步增加 20 公分，到欄前最後一步應相對縮短 15～20 公分快速著地，準備積極攻欄。

圖 3-13　跨欄步技術圖

② 跨欄步技術

過欄的動作通常被稱為跨欄步，即起跨腳踏上起跨點到擺動腿過欄落地的這一大步（圖 3-13）。為了便於分析，我們把其技術分為起跨、騰空過欄和下欄著地三個階段。

【起跨動作】

起跨腿應積極在離欄 2.00～2.20 公尺處的起跨點，身體重心快速前移，蹬離瞬間起跨腿應充分伸展，並與軀幹、頭基本成一條直線。

同時，擺動腿在體後折疊，以髖為軸，膝蓋領先，大腿帶動小腿積極向前擺至膝超過腰部高度，上體隨前傾，擺動腿的異側臂屈肘向前上方擺動，肘關節達到肩的高度。起跨結束時形成一個良好的「攻欄姿勢」（圖 3-13-①～④）

【騰空過欄動作】

起跨腿蹬離地面後，身體騰空，擺動腿大腿積極前擺至膝關節超過欄板高度後，大腿積極下壓，小腿迅速前擺，同時，擺動腿的異側臂和肩伸向欄板上方，使肘超過膝，異側臂與擺動腿基本平行，上體加大前傾幅度（圖 3-13-⑤～⑧）。

【下欄落地動作】

下欄時擺動腿積極下壓，起跨腿屈膝外展，小腿收緊、抬平，腳尖勾起，以膝領先，經腋下迅速向前上方提拉，兩腿在空中繞成一個協調有力的以髖關節為軸的剪絞動作，同時，兩臂協調配合積極擺動，擺動腿異側臂從前伸位置向側後方划擺，與起跨腿向前提拉做相向運動。當臂經過肩軸之後，屈肘內收擺向體後。

下欄著地，上體仍保持一定前傾，擺動腿伸直，用前腳掌著地，下欄著地點距欄架 1.40 公尺左右，起跨腿這時提拉到身體正前方，大腿高抬積極跑欄間第一步（圖 3-13-⑨～⑪）。

③欄間跑技術

欄間跑是指從擺動腿下欄著地開始到起跨腿踏上起跨點止的欄間跑。一般運動員要跑三步，這三步通常要求第一步步長小、第二步大、第三步中等。

為了減小欄間跑的身體重心上下起伏，欄間跑應保持高重心，跑的動作輕快，有彈性，直線較好，兩臂擺動積極有力，幅度較大，初學者可適當縮短欄間跑距離。

④全程跑技術

在全程跑中，起跑後首先要跨好第一欄，並在第二、三欄發揮最高速度。第四欄至第八欄盡量保持速度，第九、十欄保持跑的節奏並準備衝刺，當跨過第十欄架後，把跨欄節奏調整為短跑節奏，全力跑向終點。

在全程跑中，每個跨欄步和欄間跑都要銜接好，動作自然協調，全程跑要保持高重心，向前性好，節奏好，頻率快。

（2）彎道欄跑技術

彎道欄技術是指男女400公尺欄技術。400公尺欄技術不像直道欄技術那樣複雜，但欄間距離和全程跑距離都比較長，對步長、節奏、速度、耐力和意志品質等要求則要較高。

①起跑至第一欄技術

400公尺欄起跑一般採用蹲踞式起跑技術，起跑器的安裝方式大致同400公尺平跑。起跑至第一欄，通常男子運動員要跑21～22步，女子運動員跑23～24步。如果運動員跑雙數步，應將起跨腿放在前起跑器上，如跑單數步則擺動腿放在前起跑器上。起跑後應均勻加速，步長逐漸增大，在第十步已達到最大步長，要求準確、平穩地跨過第一欄。

②過欄技術

400公尺欄技術與直道過欄技術相比，沒有實質性區別。由於欄架比110公尺欄低，過欄時身體不需要騰起很高，所以，過欄比較自然有力，動作幅度較小。

400公尺欄要先後跨過放置兩個彎道上的5個欄架。為克服向前做直線運動的慣性，要求運動員必須適應身體姿勢，以及後蹬和前擺的用力方向以產生向心力，使自己能順利地過欄。跨400公尺欄用右腿起跨比較有利。起跨時用前腳掌內側蹬地，左腿前擺膝稍向外，右臂向左前方伸出，整個身體向左傾斜。下欄時，左腳用前腳掌外側在靠近左側分道線處落地，起跨腿要向前提拉膝部。

由於欄間跑的步數有變化，被迫兩腿輪流起跨，因此，你必須掌握兩腿都能起跨過欄的技術。

③欄間跑技術

400公尺欄的欄間距離為35公尺，男子運動員一般跑15～17步，女子一般跑17～19步。由於後程身體疲勞，步長縮短，速度下降，只有少數速度耐力和腿部力量比較好的運動員，能堅持用原來的步數和節奏完成後程欄的欄間距離，但大多運動員會主動改變欄間步數和節奏，以盡力保持速度。

過欄後，身體應恢復平跑姿勢，迅速邁出第一步，欄間跑前幾步充分蹬地擺腿，到下一欄前三四步時稍縮短步長，加快節奏，並保持高重心起跨過欄。

④全程跑

合理分配體力，全程採用「勻速」跑，後 200 公尺跑應慢於前 200 公尺不超過 2～3 秒，如果前半程速度過快而造成後半程減速太多，或前半程太慢而不能充分發揮應有速度，會影響全程跑成績。

3.5.4 跨欄跑的比賽規則

①運動員必須按比賽日程規定的時間進行檢錄，並做必要的檢查，如釘鞋、服裝和號碼等。

②起跑時，按發令員的口令進行起跑，兩次起跑犯規者即取消其比賽資格。

③運動員在過欄瞬間，腳和腿跨越他人的欄架和裁判長認為有意用手或腳推倒欄架，將取消其比賽資格。

④在跨欄中，跑出自己的跑道並獲得利益，或阻擋其他運動員，均將被取消比賽資格。

⑤運動員必須跨完全部欄架到達終點，以軀幹抵達終點線後沿垂直面的順序判定名次。

3.5.5 青少年練習跨欄跑的意義

跨欄跑是一項技術性強、要求身體素質較高的運動項目。如果青少年經常參加跨欄跑練習，不僅可以使速度、力量、柔韌、靈敏、耐力等身體素質得到全面發展，而且還能夠培養勇敢、頑強、果斷和克服困難的意志品質。此外，跨欄跑還可作為其他運動項目的輔助練習項目。

例如，你想把球踢得更好，那麼，你可以經常地去跨跨欄，因為，透過跨欄練習可以提高你的靈活性、協調性和準確性，會使你盤帶球動作更加靈活，射門更加準確。希望廣大青少年積極參加跨欄鍛鍊，為我國跨欄項目儘快趕上世界水準而努力。

2.	366 天誕生花與誕生石	李芳黛譯	280 元
3.	科學命相	淺野八郎著	220 元
4.	已知的他界科學	陳蒼杰譯	220 元
5.	開拓未來的他界科學	陳蒼杰譯	220 元
6.	世紀末變態心理犯罪檔案	沈永嘉譯	240 元
7.	366 天開運年鑑	林廷宇編著	230 元
8.	色彩學與你	野村順一著	230 元
9.	科學手相	淺野八郎著	230 元
10.	你也能成為戀愛高手	柯富陽編著	220 元
11.	血型與十二星座	許淑瑛編著	230 元
12.	動物測驗—人性現形	淺野八郎著	200 元
13.	愛情、幸福完全自測	淺野八郎著	200 元
14.	輕鬆攻佔女性	趙奕世編著	230 元
15.	解讀命運密碼	郭宗德著	200 元
16.	由客家了解亞洲	高木桂藏著	220 元

・女醫師系列・品冠編號 62

1.	子宮內膜症	國府田清子著	200 元
2.	子宮肌瘤	黑島淳子著	200 元
3.	上班女性的壓力症候群	池下育子著	200 元
4.	漏尿、尿失禁	中田真木著	200 元
5.	高齡生產	大鷹美子著	200 元
6.	子宮癌	上坊敏子著	200 元
7.	避孕	早乙女智子著	200 元
8.	不孕症	中村春根著	200 元
9.	生理痛與生理不順	堀口雅子著	200 元
10.	更年期	野末悅子著	200 元

・傳統民俗療法・品冠編號 63

1.	神奇刀療法	潘文雄著	200 元
2.	神奇拍打療法	安在峰著	200 元
3.	神奇拔罐療法	安在峰著	200 元
4.	神奇艾灸療法	安在峰著	200 元
5.	神奇貼敷療法	安在峰著	200 元
6.	神奇薰洗療法	安在峰著	200 元
7.	神奇耳穴療法	安在峰著	200 元
8.	神奇指針療法	安在峰著	200 元
9.	神奇藥酒療法	安在峰著	200 元
10.	神奇藥茶療法	安在峰著	200 元
11.	神奇推拿療法	張貴荷著	200 元
12.	神奇止痛療法	漆 浩 著	200 元
13.	神奇天然藥食物療法	李琳編著	200 元

14. 神奇新穴療法	吳德華編著	200 元
15. 神奇小針刀療法	韋丹主編	200 元

・常見病藥膳調養叢書・品冠編號 631

1. 脂肪肝四季飲食	蕭守貴著	200 元
2. 高血壓四季飲食	秦玖剛著	200 元
3. 慢性腎炎四季飲食	魏從強著	200 元
4. 高脂血症四季飲食	薛輝著	200 元
5. 慢性胃炎四季飲食	馬秉祥著	200 元
6. 糖尿病四季飲食	王耀獻著	200 元
7. 癌症四季飲食	李忠著	200 元
8. 痛風四季飲食	魯焰主編	200 元
9. 肝炎四季飲食	王虹等著	200 元
10. 肥胖症四季飲食	李偉等著	200 元
11. 膽囊炎、膽石症四季飲食	謝春娥著	200 元

・彩色圖解保健・品冠編號 64

1. 瘦身	主婦之友社	300 元
2. 腰痛	主婦之友社	300 元
3. 肩膀痠痛	主婦之友社	300 元
4. 腰、膝、腳的疼痛	主婦之友社	300 元
5. 壓力、精神疲勞	主婦之友社	300 元
6. 眼睛疲勞、視力減退	主婦之友社	300 元

・休閒保健叢書・品冠編號 641

1. 瘦身保健按摩術	聞慶漢主編	200 元
2. 顏面美容保健按摩術	聞慶漢主編	200 元
3. 足部保健按摩術	聞慶漢主編	200 元
4. 養生保健按摩術	聞慶漢主編	280 元

・心 想 事 成・品冠編號 65

1. 魔法愛情點心	結城莫拉著	120 元
2. 可愛手工飾品	結城莫拉著	120 元
3. 可愛打扮 & 髮型	結城莫拉著	120 元
4. 撲克牌算命	結城莫拉著	120 元

・少 年 偵 探・品冠編號 66

1. 怪盜二十面相	（精）	江戶川亂步著	特價 189 元
2. 少年偵探團	（精）	江戶川亂步著	特價 189 元

3. 妖怪博士	（精）	江戶川亂步著	特價 189 元
4. 大金塊	（精）	江戶川亂步著	特價 230 元
5. 青銅魔人	（精）	江戶川亂步著	特價 230 元
6. 地底魔術王	（精）	江戶川亂步著	特價 230 元
7. 透明怪人	（精）	江戶川亂步著	特價 230 元
8. 怪人四十面相	（精）	江戶川亂步著	特價 230 元
9. 宇宙怪人	（精）	江戶川亂步著	特價 230 元
10. 恐怖的鐵塔王國	（精）	江戶川亂步著	特價 230 元
11. 灰色巨人	（精）	江戶川亂步著	特價 230 元
12. 海底魔術師	（精）	江戶川亂步著	特價 230 元
13. 黃金豹	（精）	江戶川亂步著	特價 230 元
14. 魔法博士	（精）	江戶川亂步著	特價 230 元
15. 馬戲怪人	（精）	江戶川亂步著	特價 230 元
16. 魔人銅鑼	（精）	江戶川亂步著	特價 230 元
17. 魔法人偶	（精）	江戶川亂步著	特價 230 元
18. 奇面城的秘密	（精）	江戶川亂步著	特價 230 元
19. 夜光人	（精）	江戶川亂步著	特價 230 元
20. 塔上的魔術師	（精）	江戶川亂步著	特價 230 元
21. 鐵人Q	（精）	江戶川亂步著	特價 230 元
22. 假面恐怖王	（精）	江戶川亂步著	特價 230 元
23. 電人M	（精）	江戶川亂步著	特價 230 元
24. 二十面相的詛咒	（精）	江戶川亂步著	特價 230 元
25. 飛天二十面相	（精）	江戶川亂步著	特價 230 元
26. 黃金怪獸	（精）	江戶川亂步著	特價 230 元

·武 術 特 輯·大展編號 10

1. 陳式太極拳入門	馮志強編著	180 元
2. 武式太極拳	郝少如編著	200 元
3. 中國跆拳道實戰 100 例	岳維傳著	220 元
4. 教門長拳	蕭京凌編著	150 元
5. 跆拳道	蕭京凌編譯	180 元
6. 正傳合氣道	程曉鈴譯	200 元
7. 實用雙節棍	吳志勇編著	200 元
8. 格鬥空手道	鄭旭旭編著	200 元
9. 實用跆拳道	陳國榮編著	200 元
10. 武術初學指南	李文英、解守德編著	250 元
11. 泰國拳	陳國榮著	180 元
12. 中國式摔跤	黃 斌編著	180 元
13. 太極劍入門	李德印編著	180 元
14. 太極拳運動	運動司編	250 元
15. 太極拳譜	清·王宗岳等著	280 元
16. 散手初學	冷 峰編著	200 元
17. 南拳	朱瑞琪編著	180 元

18.	吳式太極劍	王培生著	200 元
19.	太極拳健身與技擊	王培生著	250 元
20.	秘傳武當八卦掌	狄兆龍著	250 元
21.	太極拳論譚	沈 壽著	250 元
22.	陳式太極拳技擊法	馬 虹著	250 元
23.	二十四式三十二式太極拳劍	闞桂香著	180 元
24.	楊式秘傳 129 式太極長拳	張楚全著	280 元
25.	楊式太極拳架詳解	林炳堯著	280 元
26.	華佗五禽劍	劉時榮著	180 元
27.	太極拳基礎講座：基本功與簡化 24 式	李德印著	250 元
28.	武式太極拳精華	薛乃印著	200 元
29.	陳式太極拳拳理闡微	馬 虹著	350 元
30.	陳式太極拳體用全書	馬 虹著	400 元
31.	張三豐太極拳	陳占奎著	200 元
32.	中國太極推手	張 山主編	300 元
33.	48 式太極拳入門	門惠豐編著	220 元
34.	太極拳奇人奇功	嚴翰秀編著	250 元
35.	心意門秘籍	李新民編著	220 元
36.	三才門乾坤戊己功	王培生編著	220 元
37.	武式太極劍精華＋VCD	薛乃印編著	350 元
38.	楊式太極拳	傅鐘文演述	200 元
39.	陳式太極拳、劍 36 式	闞桂香編著	250 元
40.	正宗武式太極拳	薛乃印著	220 元
41.	杜元化＜太極拳正宗＞考析	王海洲等著	300 元
42.	＜珍貴版＞陳式太極拳	沈家楨著	280 元
43.	24 式太極拳＋VCD	中國國家體育總局著	350 元
44.	太極推手絕技	安在峰編著	250 元
45.	孫祿堂武學錄	孫祿堂著	300 元
46.	＜珍貴本＞陳式太極拳精選	馮志強著	280 元
47.	武當趙堡太極拳小架	鄭悟清傳授	250 元
48.	太極拳習練知識問答	邱丕相主編	220 元
49.	八法拳 八法槍	武世俊著	220 元
50.	地趟拳＋VCD	張憲政著	350 元
51.	四十八式太極拳＋DVD	楊 靜演示	400 元
52.	三十二式太極劍＋VCD	楊 靜演示	300 元
53.	隨曲就伸 中國太極拳名家對話錄	余功保著	300 元
54.	陳式太極拳五功八法十三勢	闞桂香著	200 元
55.	六合螳螂拳	劉敬儒等著	280 元
56.	古本新探華佗五禽戲	劉時榮編著	180 元
57.	陳式太極拳養生功＋VCD	陳正雷著	350 元
58.	中國循經太極拳二十四式教程	李兆生著	300 元
59.	＜珍貴本＞太極拳研究	唐豪・顧留馨著	250 元
60.	武當三豐太極拳	劉嗣傳著	300 元
61.	楊式太極拳體用圖解	崔仲三編著	400 元

62. 太極十三刀　張耀忠編著　230 元
63. 和式太極拳譜＋VCD　和有祿編著　450 元
64. 太極內功養生術　關永年著　300 元
65. 養生太極推手　黃康輝編著　280 元
66. 太極推手祕傳　安在峰編著　300 元
67. 楊少侯太極拳用架真詮　李璉編著　280 元
68. 細說陰陽相濟的太極拳　林冠澄著　350 元
69. 太極內功解祕　祝大彤編著　280 元
70. 簡易太極拳健身功　王建華著　180 元
71. 楊氏太極拳真傳　趙斌等著　380 元
72. 李子鳴傳梁式直趟八卦六十四散手掌　張全亮編著　200 元
73. 炮捶 陳式太極拳第二路　顧留馨著　330 元
74. 太極推手技擊傳真　王鳳鳴編著　300 元
75. 傳統五十八式太極劍　張楚全編著　200 元
76. 新編太極拳對練　曾乃梁編著　280 元
77. 意拳拳學　王薌齋創始　280 元
78. 心意拳練功竅要　馬琳璋著　300 元
79. 形意拳搏擊的理與法　買正虎編著　300 元
80. 拳道功法學　李玉柱編著　300 元
81. 精編陳式太極拳拳劍刀　武世俊編著　300 元
82. 現代散打　梁亞東編著　200 元
83. 形意拳械精解（上）　邸國勇編著　480 元
84. 形意拳械精解（下）　邸國勇編著　480 元
85. 楊式太極拳詮釋【理論篇】　王志遠編著　200 元
86. 楊式太極拳詮釋【練習篇】　王志遠編著　280 元
87. 中國當代太極拳精論集　余功保主編　500 元
88. 八極拳運動全書　安在峰編著　480 元
89. 陳氏太極長拳 108 式＋VCD　王振華著　350 元

・彩色圖解太極武術・大展編號 102

1. 太極功夫扇　李德印編著　220 元
2. 武當太極劍　李德印編著　220 元
3. 楊式太極劍　李德印編著　220 元
4. 楊式太極刀　王志遠著　220 元
5. 二十四式太極拳(楊式)＋VCD　李德印編著　350 元
6. 三十二式太極劍(楊式)＋VCD　李德印編著　350 元
7. 四十二式太極劍＋VCD　李德印編著　350 元
8. 四十二式太極拳＋VCD　李德印編著　350 元
9. 16 式太極拳 18 式太極劍＋VCD　崔仲三著　350 元
10. 楊氏 28 式太極拳＋VCD　趙幼斌著　350 元
11. 楊式太極拳 40 式＋VCD　宗維潔編著　350 元
12. 陳式太極拳 56 式＋VCD　黃康輝等著　350 元
13. 吳式太極拳 45 式＋VCD　宗維潔編著　350 元

14. 精簡陳式太極拳 8 式、16 式	黃康輝編著	220 元
15. 精簡吳式太極拳<36 式拳架・推手>	柳恩久主編	220 元
16. 夕陽美功夫扇	李德印著	220 元
17. 綜合 48 式太極拳＋VCD	竺玉明編著	350 元
18. 32 式太極拳（四段）	宗維潔演示	220 元
19. 楊氏 37 式太極拳＋VCD	趙幼斌著	350 元
20. 楊氏 51 式太極劍＋VCD	趙幼斌著	350 元

・國際武術競賽套路・大展編號 103

1. 長拳	李巧玲執筆	220 元
2. 劍術	程慧琨執筆	220 元
3. 刀術	劉同為執筆	220 元
4. 槍術	張躍寧執筆	220 元
5. 棍術	殷玉柱執筆	220 元

・簡化太極拳・大展編號 104

1. 陳式太極拳十三式	陳正雷編著	200 元
2. 楊式太極拳十三式	楊振鐸編著	200 元
3. 吳式太極拳十三式	李秉慈編著	200 元
4. 武式太極拳十三式	喬松茂編著	200 元
5. 孫式太極拳十三式	孫劍雲編著	200 元
6. 趙堡太極拳十三式	王海洲編著	200 元

・導引養生功・大展編號 105

1. 疏筋壯骨功＋VCD	張廣德著	350 元
2. 導引保建功＋VCD	張廣德著	350 元
3. 頤身九段錦＋VCD	張廣德著	350 元
4. 九九還童功＋VCD	張廣德著	350 元
5. 舒心平血功＋VCD	張廣德著	350 元
6. 益氣養肺功＋VCD	張廣德著	350 元
7. 養生太極扇＋VCD	張廣德著	350 元
8. 養生太極棒＋VCD	張廣德著	350 元
9. 導引養生形體詩韻＋VCD	張廣德著	350 元
10. 四十九式經絡動功＋VCD	張廣德著	350 元

・中國當代太極拳名家名著・大展編號 106

1. 李德印太極拳規範教程	李德印著	550 元
2. 王培生吳式太極拳詮真	王培生著	500 元
3. 喬松茂武式太極拳詮真	喬松茂著	450 元
4. 孫劍雲孫式太極拳詮真	孫劍雲著	350 元

5. 王海洲趙堡太極拳詮真　王海洲著　500元
6. 鄭琛太極拳道詮真　鄭琛著　450元
7. 沈壽太極拳文集　沈壽著　630元

・古代健身功法・大展編號 107

1. 練功十八法　蕭凌編著　200元
2. 十段錦運動　劉時榮編著　180元
3. 二十八式長壽健身操　劉時榮著　180元
4. 三十二式太極雙扇　劉時榮著　160元
5. 龍形九勢健身法　武世俊著　180元

・太極跤・大展編號 108

1. 太極防身術　郭慎著　300元
2. 擒拿術　郭慎著　280元
3. 中國式摔角　郭慎著　350元

・原地太極拳系列・大展編號 11

1. 原地綜合太極拳 24 式　胡啟賢創編　220元
2. 原地活步太極拳 42 式　胡啟賢創編　200元
3. 原地簡化太極拳 24 式　胡啟賢創編　200元
4. 原地太極拳 12 式　胡啟賢創編　200元
5. 原地青少年太極拳 22 式　胡啟賢創編　220元
6. 原地兒童太極拳 10 捶 16 式　胡啟賢創編　180元

・名師出高徒・大展編號 111

1. 武術基本功與基本動作　劉玉萍編著　200元
2. 長拳入門與精進　吳彬等著　220元
3. 劍術刀術入門與精進　楊柏龍等著　220元
4. 棍術、槍術入門與精進　邱丕相編著　220元
5. 南拳入門與精進　朱瑞琪編著　220元
6. 散手入門與精進　張山等著　220元
7. 太極拳入門與精進　李德印編著　280元
8. 太極推手入門與精進　田金龍編著　220元

・實用武術技擊・大展編號 112

1. 實用自衛拳法　溫佐惠著　250元
2. 搏擊術精選　陳清山等著　220元
3. 秘傳防身絕技　程崑彬著　230元
4. 振藩截拳道入門　陳琦平著　220元

5.	實用擒拿法	韓建中著	220 元
6.	擒拿反擒拿 88 法	韓建中著	250 元
7.	武當秘門技擊術入門篇	高翔著	250 元
8.	武當秘門技擊術絕技篇	高翔著	250 元
9.	太極拳實用技擊法	武世俊著	220 元
10.	奪凶器基本技法	韓建中著	220 元
11.	峨眉拳實用技擊法	吳信良著	300 元
12.	武當拳法實用制敵術	賀春林主編	300 元
13.	詠春拳速成搏擊術訓練	魏峰編著	280 元
14.	詠春拳高級格鬥訓練	魏峰編著	280 元
15.	心意六合拳發力與技擊	王安寶編著	220 元

・中國武術規定套路・大展編號 113

1.	螳螂拳	中國武術系列	300 元
2.	劈掛拳	規定套路編寫組	300 元
3.	八極拳	國家體育總局	250 元
4.	木蘭拳	國家體育總局	230 元

・中華傳統武術・大展編號 114

1.	中華古今兵械圖考	裴錫榮主編	280 元
2.	武當劍	陳湘陵編著	200 元
3.	梁派八卦掌（老八掌）	李子鳴遺著	220 元
4.	少林 72 藝與武當 36 功	裴錫榮主編	230 元
5.	三十六把擒拿	佐藤金兵衛主編	200 元
6.	武當太極拳與盤手 20 法	裴錫榮主編	220 元
7.	錦八手拳學	楊永著	280 元
8.	自然門功夫精義	陳懷信編著	500 元
9.	八極拳珍傳	王世泉著	330 元
10.	通臂二十四勢	郭瑞祥主編	280 元
11.	六路真跡武當劍藝	王恩盛著	230 元

・少 林 功 夫・大展編號 115

1.	少林打擂秘訣	德虔、素法編著	300 元
2.	少林三大名拳 炮拳、大洪拳、六合拳	門惠豐等著	200 元
3.	少林三絕 氣功、點穴、擒拿	德虔編著	300 元
4.	少林怪兵器秘傳	素法等著	250 元
5.	少林護身暗器秘傳	素法等著	220 元
6.	少林金剛硬氣功	楊維編著	250 元
7.	少林棍法大全	德虔、素法編著	250 元
8.	少林看家拳	德虔、素法編著	250 元
9.	少林正宗七十二藝	德虔、素法編著	280 元

10. 少林瘋魔棍闡宗　馬德著　250 元
11. 少林正宗太祖拳法　高翔著　280 元
12. 少林拳技擊入門　劉世君編著　220 元
13. 少林十路鎮山拳　吳景川主編　300 元
14. 少林氣功祕集　釋德虔編著　220 元
15. 少林十大武藝　吳景川主編　450 元
16. 少林飛龍拳　劉世君著　200 元
17. 少林武術理論　徐勤燕等著　200 元
18. 少林武術基本功　徐勤燕編著　200 元

・迷蹤拳系列・ 大展編號 116

1. 迷蹤拳（一）+VCD　李玉川編著　350 元
2. 迷蹤拳（二）+VCD　李玉川編著　350 元
3. 迷蹤拳（三）　李玉川編著　250 元
4. 迷蹤拳（四）+VCD　李玉川編著　580 元
5. 迷蹤拳（五）　李玉川編著　250 元
6. 迷蹤拳（六）　李玉川編著　300 元
7. 迷蹤拳（七）　李玉川編著　300 元
8. 迷蹤拳（八）　李玉川編著　300 元

・截拳道入門・ 大展編號 117

1. 截拳道手擊技法　舒建臣編著　230 元
2. 截拳道腳踢技法　舒建臣編著　230 元
3. 截拳道擒跌技法　舒建臣編著　230 元
4. 截拳道攻防技法　舒建臣編著　230 元
5. 截拳道連環技法　舒建臣編著　230 元
6. 截拳道功夫匯宗　舒建臣編著　230 元

・少林傳統功夫漢英對照系列・ 大展編號 118

1. 七星螳螂拳－白猿獻書　耿軍著　180 元
2. 七星螳螂拳－白猿孝母　耿軍著　180 元

・道 學 文 化・大展編號 12

1. 道在養生：道教長壽術　郝勤等著　250 元
2. 龍虎丹道：道教內丹術　郝勤著　300 元
3. 天上人間：道教神仙譜系　黃德海著　250 元
4. 步罡踏斗：道教祭禮儀典　張澤洪著　250 元
5. 道醫窺秘：道教醫學康復術　王慶餘等著　250 元
6. 勸善成仙：道教生命倫理　李剛著　250 元
7. 洞天福地：道教宮觀勝境　沙銘壽著　250 元

8. 青詞碧簫：道教文學藝術 楊光文等著 250 元
9. 沈博絕麗：道教格言精粹 朱耕發等著 250 元

・易 學 智 慧・大展編號 122

1. 易學與管理 余敦康主編 250 元
2. 易學與養生 劉長林等著 300 元
3. 易學與美學 劉綱紀等著 300 元
4. 易學與科技 董光壁著 280 元
5. 易學與建築 韓增祿著 280 元
6. 易學源流 鄭萬耕著 280 元
7. 易學的思維 傅雲龍等著 250 元
8. 周易與易圖 李申著 250 元
9. 中國佛教與周易 王仲堯著 350 元
10. 易學與儒學 任俊華著 350 元
11. 易學與道教符號揭秘 詹石窗著 350 元
12. 易傳通論 王博著 250 元
13. 談古論今說周易 龐鈺龍著 280 元
14. 易學與史學 吳懷祺著 230 元
15. 易學與天文學 盧央著 230 元
16. 易學與生態環境 楊文衡著 230 元
17. 易學與中國傳統醫學 蕭漢明著 280 元
18. 易學與人文 羅熾等著 280 元

・神 算 大 師・大展編號 123

1. 劉伯溫神算兵法 應涵編著 280 元
2. 姜太公神算兵法 應涵編著 280 元
3. 鬼谷子神算兵法 應涵編著 280 元
4. 諸葛亮神算兵法 應涵編著 280 元

・鑑 往 知 來・大展編號 124

1. 《三國志》給現代人的啟示 陳羲主編 220 元
2. 《史記》給現代人的啟示 陳羲主編 220 元
3. 《論語》給現代人的啟示 陳羲主編 220 元
4. 《孫子》給現代人的啟示 陳羲主編 220 元
5. 《唐詩選》給現代人的啟示 陳羲主編 220 元
6. 《菜根譚》給現代人的啟示 陳羲主編 220 元
7. 《百戰奇略》給現代人的啟示 陳羲主編 250 元

・秘傳占卜系列・大展編號 14

1. 手相術 淺野八郎著 180 元

2. 人相術　淺野八郎著　180元
3. 西洋占星術　淺野八郎著　180元
4. 中國神奇占卜　淺野八郎著　150元
5. 夢判斷　淺野八郎著　150元
7. 法國式血型學　淺野八郎著　150元
8. 靈感、符咒學　淺野八郎著　150元
10. ESP 超能力占卜　淺野八郎著　150元
11. 猶太數的秘術　淺野八郎著　150元
13. 塔羅牌預言秘法　淺野八郎著　200元

・趣味心理講座・大展編號 15

1. 性格測驗（1） 探索男與女　淺野八郎著　140元
2. 性格測驗（2） 透視人心奧秘　淺野八郎著　140元
3. 性格測驗（3） 發現陌生的自己　淺野八郎著　140元
4. 性格測驗（4） 發現你的真面目　淺野八郎著　140元
5. 性格測驗（5） 讓你們吃驚　淺野八郎著　140元
6. 性格測驗（6） 洞穿心理盲點　淺野八郎著　140元
7. 性格測驗（7） 探索對方心理　淺野八郎著　140元
8. 性格測驗（8） 由吃認識自己　淺野八郎著　160元
9. 性格測驗（9） 戀愛的心理　淺野八郎著　160元
10. 性格測驗（10）由裝扮瞭解人心　淺野八郎著　160元
11. 性格測驗（11）敲開內心玄機　淺野八郎著　140元
12. 性格測驗（12）透視你的未來　淺野八郎著　160元
13. 血型與你的一生　淺野八郎著　160元
14. 趣味推理遊戲　淺野八郎著　160元
15. 行為語言解析　淺野八郎著　160元

・婦 幼 天 地・大展編號 16

1. 八萬人減肥成果　黃靜香譯　180元
2. 三分鐘減肥體操　楊鴻儒譯　150元
3. 窈窕淑女美髮秘訣　柯素娥譯　130元
4. 使妳更迷人　成　玉譯　130元
5. 女性的更年期　官舒妍編譯　160元
6. 胎內育兒法　李玉瓊編譯　150元
7. 早產兒袋鼠式護理　唐岱蘭譯　200元
9. 初次育兒 12 個月　婦幼天地編譯組　180元
10. 斷乳食與幼兒食　婦幼天地編譯組　180元
11. 培養幼兒能力與性向　婦幼天地編譯組　180元
12. 培養幼兒創造力的玩具與遊戲　婦幼天地編譯組　180元
13. 幼兒的症狀與疾病　婦幼天地編譯組　180元
14. 腿部苗條健美法　婦幼天地編譯組　180元
15. 女性腰痛別忽視　婦幼天地編譯組　150元

16. 舒展身心體操術	李玉瓊編譯	130 元
17. 三分鐘臉部體操	趙薇妮著	160 元
18. 生動的笑容表情術	趙薇妮著	160 元
19. 心曠神怡減肥法	川津祐介著	130 元
20. 內衣使妳更美麗	陳玄茹譯	130 元
22. 高雅女性裝扮學	陳珮玲譯	180 元
23. 蠶糞肌膚美顏法	梨秀子著	160 元
24. 認識妳的身體	李玉瓊譯	160 元
25. 產後恢復苗條體態	居理安・芙萊喬著	200 元
26. 正確護髮美容法	山崎伊久江著	180 元
27. 安琪拉美姿養生學	安琪拉蘭斯博瑞著	180 元
28. 女體性醫學剖析	增田豐著	220 元
29. 懷孕與生產剖析	岡部綾子著	180 元
30. 斷奶後的健康育兒	東城百合子著	220 元
31. 引出孩子幹勁的責罵藝術	多湖輝著	170 元
32. 培養孩子獨立的藝術	多湖輝著	170 元
34. 下半身減肥法	納他夏・史達賓著	180 元
35. 女性自然美容法	吳雅菁編著	180 元
36. 再也不發胖	池園悅太郎著	170 元
37. 生男生女控制術	中垣勝裕著	220 元
38. 使妳的肌膚更亮麗	楊　皓編著	170 元
39. 臉部輪廓變美	芝崎義夫著	180 元
40. 斑點、皺紋自己治療	高須克彌著	180 元
41. 面皰自己治療	伊藤雄康著	180 元
42. 隨心所欲瘦身冥想法	原久子著	180 元
43. 胎兒革命	鈴木丈織著	180 元
44. NS 磁氣平衡法塑造窈窕奇蹟	古屋和江著	180 元
45. 享瘦從腳開始	山田陽子著	180 元
46. 小改變瘦 4 公斤	宮本裕子著	180 元
47. 軟管減肥瘦身	高橋輝男著	180 元
48. 海藻精神秘美容法	劉名揚編著	180 元
49. 肌膚保養與脫毛	鈴木真理著	180 元
50. 10 天減肥 3 公斤	彤雲編輯組	180 元
51. 穿出自己的品味	西村玲子著	280 元
52. 小孩髮型設計	李芳黛譯	250 元

・青 春 天 地・大展編號 17

1. A 血型與星座	柯素娥編譯	160 元
2. B 血型與星座	柯素娥編譯	160 元
3. O 血型與星座	柯素娥編譯	160 元
4. AB 血型與星座	柯素娥編譯	120 元
5. 青春期性教室	呂貴嵐編譯	130 元
9. 小論文寫作秘訣	林顯茂編譯	120 元

11. 中學生野外遊戲	熊谷康編著	120 元
12. 恐怖極短篇	柯素娥編譯	130 元
13. 恐怖夜話	小毛驢編譯	130 元
14. 恐怖幽默短篇	小毛驢編譯	120 元
15. 黑色幽默短篇	小毛驢編譯	120 元
16. 靈異怪談	小毛驢編譯	130 元
17. 錯覺遊戲	小毛驢編著	130 元
18. 整人遊戲	小毛驢編著	150 元
19. 有趣的超常識	柯素娥編譯	130 元
20. 哦！原來如此	林慶旺編譯	130 元
21. 趣味競賽 100 種	劉名揚編譯	120 元
22. 數學謎題入門	宋釗宜編譯	150 元
23. 數學謎題解析	宋釗宜編譯	150 元
24. 透視男女心理	林慶旺編譯	120 元
25. 少女情懷的自白	李桂蘭編譯	120 元
26. 由兄弟姊妹看命運	李玉瓊編譯	130 元
27. 趣味的科學魔術	林慶旺編譯	150 元
28. 趣味的心理實驗室	李燕玲編譯	150 元
29. 愛與性心理測驗	小毛驢編譯	130 元
30. 刑案推理解謎	小毛驢編譯	180 元
31. 偵探常識推理	小毛驢編譯	180 元
32. 偵探常識解謎	小毛驢編譯	130 元
33. 偵探推理遊戲	小毛驢編譯	180 元
34. 趣味的超魔術	廖玉山編著	150 元
35. 趣味的珍奇發明	柯素娥編著	150 元
36. 登山用具與技巧	陳瑞菊編著	150 元
37. 性的漫談	蘇燕謀編著	180 元
38. 無的漫談	蘇燕謀編著	180 元
39. 黑色漫談	蘇燕謀編著	180 元
40. 白色漫談	蘇燕謀編著	180 元

・健 康 天 地・大展編號 18

1. 壓力的預防與治療	柯素娥編譯	130 元
2. 超科學氣的魔力	柯素娥編譯	130 元
3. 尿療法治病的神奇	中尾良一著	130 元
4. 鐵證如山的尿療法奇蹟	廖玉山譯	120 元
5. 一日斷食健康法	葉慈容編譯	150 元
7. 癌症早期檢查法	廖松濤譯	160 元
8. 老人痴呆症防止法	柯素娥編譯	170 元
10. 揉肚臍健康法	永井秋夫著	150 元
11. 過勞死、猝死的預防	卓秀貞編譯	130 元
12. 高血壓治療與飲食	藤山順豐著	180 元
13. 老人看護指南	柯素娥編譯	150 元

國家圖書館出版品預行編目資料

怎樣跑得快／沈信生主編
－初版－臺北市，大展，民 93（2004 年）
面；21 公分－（運動精進叢書；1）
ISBN 978-957-468-313-0（平裝）
1. 賽跑
528.946 93007975

怎樣跑得快

ISBN:978-957-468-313-0

主　　編／沈　信　生
副 主 編／李　鐵　祿
責任編輯／劉　　　筠
發 行 人／蔡　森　明
出 版 者／大展出版社有限公司
社　　址／台北市北投區（石牌）致遠一路 2 段 12 巷 1 號
電　　話／(02) 28236031・28236033・28233123
傳　　真／(02) 28272069
郵政劃撥／01669551
網　　址／www.dah-jaan.com.tw
E-mail／service@dah-jaan.com.tw
登 記 證／局版臺業字第 2171 號
承 印 者／高星印刷品行
裝　　訂／建鑫印刷裝訂有限公司
排 版 者／弘益電腦排版有限公司
授 權 者／北京人民體育出版社
初版 1 刷／2004 年（民 93 年） 8 月
初版 2 刷／2007 年（民 96 年） 6 月

定價 / 200 元

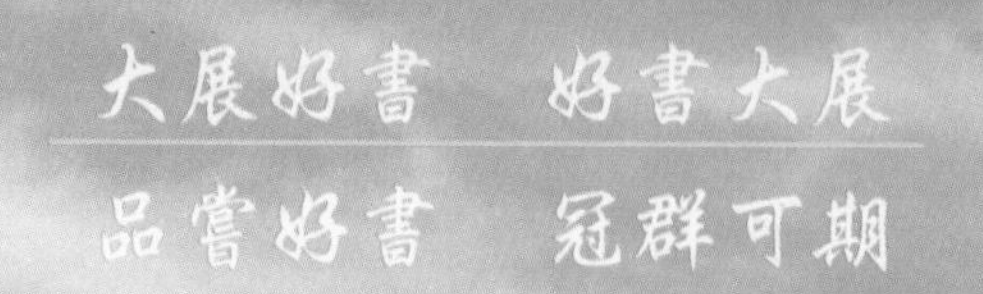
大展好書　好書大展
品嘗好書　冠群可期

大展好書　好書大展

品嘗好書　冠群可期